U0905579

民事诉讼
证明责任制度研究

康万福　著

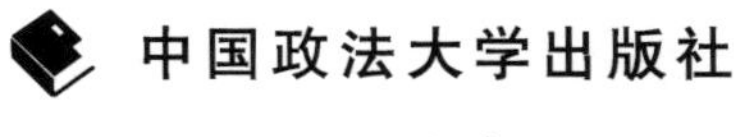

2019·北京

前 言

PREFACE

证明责任制度是民事证据制度的核心问题，它贯穿于民事诉讼的全过程。在诉讼开始时，就需要明确案件事实的证明责任应由哪一方当事人负担，以便当事人及其诉讼代理人收集和准备必要的证据。进入法庭审理后，证明责任问题更为突出，它不仅关系到当事人的举证活动，而且关系到证据不足时法院如何要求当事人补充证据。在诉讼终结时，如争议的案件事实仍处于真伪不明的状态，证明责任就成为法院作出裁判的依据。因此，证明责任制度在民事诉讼制度中占有非常重要的地位。但同时由于证明责任制度本身所固有的重要性及复杂性，在民事诉讼制度历史发展的过程中，在各国的民事诉讼理论中，证明责任制度又是一个争议很大的问题，如对证明责任的含义及性质的理解，证明责任的分配规则，等等。

由于证明责任制度所具有的重要作用，在1982年，新中国第一部《中华人民共和国民事诉讼法（试行）》[以下简称《民事诉讼法（试行）》]中，对证明责任制度就作出了规定，1991年七届全国人大第四次会议对《民事诉讼法（试行）》进行了全面修改，其后又经历了2007、2012和2017年三次重大修改，都对证明责任制度的发展起到了重要的作用，尤其是2001

年发布的《最高人民法院关于民事诉讼证据的若干规定》[1]（以下简称《证据规定》）比较全面系统地对民事证据问题作出规定，其中，在借鉴司法实践经验及总结理论研究成果的基础上，对证明责任制度也作了比较明确的规定，该规定极大地发展和完善了我国的证明责任制度。

虽然，近些年我国对于证明责任制度，无论是理论的研究，还是立法的完善及司法实践的运用都非常重视，也取得了较大的进步，但是随着社会的发展，改革开放的进行，民事法律关系日益复杂，呈多元化趋势；在这种情况下，证明责任的内容应有所变化，证明责任的理论应不断更新，特别是如何完善证明责任的分配规则，以解决司法实践中不断出现的新的问题，已成为民事诉讼理论中一个研究的重点。但是，与一贯重视证明责任制度研究的一些大陆法系国家（如德、日等国）相比，我国对证明责任制度的研究还存在着以下几个方面的问题：

首先，未能从民事实体法与民事诉讼法的关系、诉权与审判权的关系上，对证明责任制度做全面的研究，导致未能真正把握证明责任制度的实质内容。我们应充分认识到，证明责任制度跨越了民事实体法与民事诉讼法两个法域，它起始于当事人的诉讼活动，最终效果体现在法院审判权的行使，二者有着密切的联系；因此，要真正把握证明责任制度的实质内容，就不能孤立地研究证明责任制度。

其次，对证明责任分配的理论研究不够重视，法律规定也不完善。证明责任问题的核心是证明责任的分配，即如何将证明责任在双方当事人中作合理分配，这个问题无论是对当事人，还是对人民法院都具有非常重要的实际意义。迄今为止世界各

〔1〕 本书中的《证据规定》无特殊说明均指2001年发布的《证据规定》。

国学者们对证明责任的分配提出了很多学说，我们都应做充分的研究、借鉴，以形成适合我国实际情况的证明责任的分配理论，并建立我国完善的证明责任的分配规则。因此，证明责任的分配应成为我国理论研究的重心。

最后，对于证明责任制度来说，理论与实践的紧密结合还不够。我们研究证明责任制度，最终是用来指导司法实践的，是为司法实践服务的，尤其是对证明责任的分配更是有着非常重要的实践意义，而且理论研究的成果也需要司法实践的检验，因此，二者应紧密的结合。

基于证明责任制度的重要性及上述问题，笔者认为有必要对证明责任制度问题加以研究，希望能对我国证明责任制度的发展及完善起到一定的作用。

康万福

目录

CONTENTS

第一章 证明责任制度概述

第一节 证明责任的含义

证明责任素有“民事诉讼的脊梁”之称，其在民事诉讼中的地位和作用是非常重要的。但历来对证明责任含义的理解也是一个争议比较大的问题。如证明责任，是指“证明主体依据法定职权或举证负担在诉讼证明上所应承担的相应责任”。〔1〕再有，证明责任也即举证责任，具体到民事诉讼中，指“应当由当事人对其主张的事实提供证据并予以证明，若诉讼终结时根据证据仍不能判明当事人主张的事实真伪，则由该当事人承担不利的诉讼后果”。〔2〕以及，“证明责任，是指当作为裁判基础的法律要件事实在诉讼中处于真伪不明的状态时，一方当事人因此而承担的诉讼上的不利后果”，〔3〕等等。

此外，还有对“举证责任”的概念提出质疑的观点，认为“举证责任”之“举”字，是“提出”的意思，因此“举证责任”很可能被人理解为“提出证据的责任”，在词语选择上主张

〔1〕 毕玉谦主编：《证据法要义》，法律出版社2003年版，第364页。

〔2〕 张永泉：《民事诉讼证据原理研究》，厦门大学出版社2005年版，第160页。

〔3〕 张卫平：《民事诉讼法》，中国人民大学出版社2013年版，第164页。

用“证明责任”之概念完全取代“举证责任”之概念。然而综观我国的法律规定以及司法实践中的应用，“举证责任”或“证明责任”只是表述不同，举证责任也即证明责任，这已经形成了普遍共识。例如，在我国《证据规定》第2条以及第7条中都有关于证明责任的规定，而且都采用了“举证责任”的表述，而在《最高人民法院关于适用〈中华人民共和国民事诉讼法〉的解释》（以下简称《司法解释》）第90条和第91条中，既没有采用“举证责任”的表述，也没有采用“证明责任”的表述，而是基于一定之目的〔1〕，采用了“举证证明责任”这一新的表述。实际上，举证证明责任和举证责任、证明责任从具体内容上来看是一致的。

一、大陆法系国家对证明责任含义的理解

“大陆法系国家的诉讼法理论从当事人的举证行为与事实真伪不明时败诉风险的承担的双重角度理解证明责任。”〔2〕举证行为，也即主观上的证明责任或形式上的证明责任，指当事人向法院提供证据证明待证事实的行为。事实真伪不明时败诉风险的承担指实质上的证明责任，也称客观上的证明责任，是指在民事诉讼过程中有可能出现事实真伪不明的状态，这与当事人的举证行为并没有直接联系，即使证据完全由法院而不是当事人收集，也同样可能出现待证事实真伪不明的情况，此时法官必须确定由哪一方当事人承担因事实真伪不明而产生的实体法上的不利后果，以判决其承担不利的诉讼结果，这才是证明责

〔1〕 立法者指出使用“举证证明责任”表述，其目的在于强调：①当事人在民事诉讼中负有提供证据的行为意义上的责任；②当事人应当围绕其诉讼请求所依据的事实或者反驳对方请求所依据的事实进行。

〔2〕 宋朝武主编：《民事诉讼法学》，中国政法大学出版社2012年版，第197页。

任的实质。

尽管现代的绝大多数大陆法系国家的学者承认证明责任具有双重含义，但是一般认为，在这双重含义中，客观证明责任才是证明责任的核心和本质。

在诉讼理论中，证明责任概念诞生之初，并没有上述两种含义，只有一种含义，即应向法院提出证据的行为责任。在德国旧民事诉讼法时期（始于 1877 年），当时的立法机关认为证明责任有两个方面的含义：一是负有证明义务的人，如果没有进行举证，那么作为证明对象的案件事实就被认为是不真实的；二是尽管提出了证据，但如果没有加以证明，则存在败诉的危险。到了 1883 年，德国诉讼法学家尤利乌斯·格尔查在他的著作《刑事诉讼导论》中首次将举证责任区别为客观的举证责任和主观的举证责任。德国在确立自由心证原则后，于 1910 年最终确立了客观的证明责任。1913 年修改后的德国民事诉讼法，基本上将举证责任的重心置于真伪不明状态时负有证明责任的当事人就诉讼结果应承担的不利后果。〔1〕

客观证明责任的前提是当事人主张的事实处于真伪不明的状态。依照德国法学家汉斯·普维庭的观点，构成“真伪不明”的环境条件是：①原告已经提出有说服力的主张；②被告也已提出实质性的对立主张；③对争议事实主张需要证明（自认的事实、众所周知的事实、没有争议的事实不在此限）；④所有程序上许可的证明手段已经穷尽，法官仍不能获得心证；⑤口头辩论程序已经结束，上述第三项或第四项状况仍然没有改

〔1〕 参见［日］谷口安平、福永有利编集：《注释民事诉讼法》，有斐阁 1995 年版，第 36~42 页。

变。〔1〕

虽然在诉讼程序结束时讨论真伪不明才有意义，但是不能由此得出结论：客观的证明责任也只是在这一时间点上才具有价值。事实上，客观的证明责任在诉讼开始以前也可以发生作用，只有关于证明责任的裁判才必须以真伪不明的存在和事实认定已经结束为前提条件。事实上，客观的证明责任是一种法定的风险分配形式，例如侵权法规范对所造成的损失的风险分配，因此，客观的证明责任规范是对真伪不明的风险分配，即对事实状况的不可解释性的风险进行的分配。这种抽象的风险分配在每一个诉讼开始之前就已经存在，就像实体法的请求权规范一样。从证明责任是对风险的分配这点来看，证明责任的分配就像其他实体法规范一样，必须由立法者通过立法加以规定，也就是说，客观的证明责任必须规范化。由此看来，在没有关于客观的证明责任的规范时，由法官来分配客观的证明责任是不能成立的。

客观证明责任的基本功能在于当主张的事实真伪不明时，可以适用客观证明责任的法律规范，保障法官履行裁判的义务。如果客观的证明责任缺失，在事实真伪不明的情况下，法官将无法作出裁判。在当事人已行使诉权的场合，法官就有义务对当事人的诉讼请求作出裁判。

二、英美法系国家对证明责任含义的理解

英美法系国家的学者从“说服责任”和“提出证据的责任”两个角度理解举证责任的含义。“说服责任”，即提出任何事实主张的人，如果该事实为对方所争执，他就要承担如果在

〔1〕 参见［德］汉斯·普维庭：《现代证明责任问题》，吴越译，法律出版社2000年版，第21~22页。

所有的证据都提出后，其主张仍不能得到证明的败诉风险；“提出证据的责任”，即“在诉讼开始时，或是在审理或辩论过程中的任何阶段，首先对争议事实提出证据的责任。”

按照英美法系国家学者的理解，“提供证据的责任”与“说服责任”的区别主要表现在以下几个方面：

第一，责任发生的时间不同。在民事诉讼中，“提供证据的责任”应当先于“说服责任”发生。提供证据的责任是证明责任的第一道障碍。负有证明责任的当事人要想将案件提交给陪审团审判就必须提出足够的证据。否则，如果法官认为当事人提供的证据不足以使陪审团对事实作出认定，就可能会基于对方当事人的申请对案件作出简易判决。在案件提交陪审团审理后，承担“说服责任”的当事人还必须提出证据说服陪审团，只有这样才能越过证明责任的第二道障碍。

第二，责任是否会发生转移不同。在民事诉讼中，“提供证据的责任”是可以在原告与被告之间相互移转的。随着诉讼的进展，随时可以从一方当事人转移到另一方当事人身上。但是“说服责任”是确定不移的，这种责任一旦确定由一方当事人承担后，便始终由该当事人负担。

第三，责任解除的标准不同。“说服责任”解除的标准要高于“提供证据的责任”。在当事人承担“提供证据的责任”的情况下，不要求确证，只要求主体提出初步证据或者表面证据（Prima Facie Evidence）即可。“但在当事人承担‘说服责任’的情况下，要求主体提供的证据具有无可置疑的证明力。”〔1〕

三、我国关于证明责任含义的理解

我国民事诉讼理论关于证明责任含义的表述，大致有三种

〔1〕宋朝武主编：《民事诉讼法学》，中国政法大学出版社2012年版，第197页。

观点。

（一）行为责任说

该说认为，举证责任是指“当事人在诉讼中，对自己的主张，负有提出证据，以证明其主张真实的责任。至于当事人提不出证据或所提证据不足以证明其主张的真实性，是否一定要获得不利于自己的裁判，并作为我国民事诉讼法举证责任的一项内容，我们的回答是否定的。”《民事诉讼法（试行）》颁布前后的一段时期，我国出版的民事诉讼法教科书都从行为责任的角度给证明责任下定义。这段时期的教材持“行为责任说”有两方面的原因：其一，审判实务中人民法院常常包揽了调查取证活动，当事人的举证活动未受到重视，当事人举证活动与举不出证据的后果被割裂开来；其二，诉讼理论界对案件事实真伪不明现象持否定态度，认为社会主义国家的民事诉讼能够实现客观真实，不存在事实真伪不明的问题。

（二）双重含义说

该说认为“举证责任，是指民事诉讼当事人对自己提出的主张，加以证明的责任。举证责任有两个基本含义：一是指谁主张就由谁提供证据加以证明，即行为意义上的举证责任；二是指不尽举证责任，应当承担的法律后果，即结果意义上的举证责任的负担。”1991 年 4 月，我国对《民事诉讼法（试行）》作了重大修订后，从“行为责任说”转向“双重含义说”。首先，从 20 世纪 80 年代后期开始，我国人民法院开始对传统的民事审判方式进行改革，证明责任是改革的重要内容之一。改革的基本措施是使人民法院从调查收集证据的主导位置上退下来，强调证据应由当事人及其诉讼代理人收集，当事人应对其主张的事实向人民法院举证，人民法院在收集证据上只起辅助作用。1991 年修订《民事诉讼法（试行）》时确认了这一改革成果，明确了“当事人对自己提出的主张，有责任提供证据。”［《中华人民共和国民事诉讼法》（以下简称《民事诉讼法》）第64条第1款］“当事人及其诉讼代理人因客观原因不能自行收集的证据，或者人民法院认为审理案件需要的证据，人民法院应当调查收集。”（《民事诉讼法》第64条第2款）“人民法院应当按照法定程序，全面地、客观地审查核实证据”（《民事诉讼法》第64条第3款）。审判方式的改革和《民事诉讼法》的修订使提供证据的责任回归当事人，也使当事人不能举证与因此而产生的不利诉讼结果有了较为密切的联系。其次，“客观真实说”发生了动摇，人们终于认识到案件事实真伪不明状态是民事诉讼中的客观存在。在我国民事诉讼中，虽然人民法院在一定情形下依职权调查取证，但同样也存在事实无法查明的现象。将证明责任与诉讼中的事实真伪不明状态联系起来，并在证明责任中加入结果责任的内容，标志着我国民事诉讼理论对证明责任问题认识的深化。

（三）危险负担说

又称为败诉风险说、结果责任说，认为证明责任是案件事实真伪不明时当事人一方所承担的风险。这实际上是抛弃了双重含义说中的行为意义上的证明责任，认为证明责任同当事人的证明活动无直接联系，证明责任同当事人提供证据的责任是两个不同的概念。危险负担说强调的是证明责任的实质含义。毋庸置疑，行为意义上的证明责任同结果意义上的证明责任是存在区别的，这也是双重含义说存在的原因。那么在界定证明责任的含义时，将行为意义上的证明责任加以排除是否正当呢？换句话说，行为意义上的证明责任和结果意义上的证明责任之间是何种关系呢？在这里，有必要考察证明责任这一概念存在的意义。证明责任存在的一个前提条件是法官不得拒绝裁判，即在诉讼中对案件事实的阐述无法令法官形成心证时，法官不得以此为由拒绝对案件作出裁判。既然如此，就需要一些规则来指导法官裁判，这就是证明责任的分配规则。这里涉及的显然是结果意义上的证明责任。从这种意义上看，在界定证明责任的含义时，抛弃行为意义上的证明责任并无不妥。与结果意义上的证明责任相对，行为意义上的证明责任更体现的是一个对过程的描述，它本身不解决任何诉讼问题，它所说的责任并不是这个概念本身附加给当事人的，而依然是由裁判的规则和结果意义上的证明责任规则附加的。一般而言，如果一方当事人对自己主张的事实不进行证明，在另一方提供证据成功反驳时，那么法官得依案件事实裁判他败诉。如果对方当事人既未反驳也未承认，则该事实真伪不明，法官得依结果意义上的证明责任分配规则作出裁判。另外，从司法实践的角度看，这样界定证明责任的含义也不会给法官或者当事人带来诉讼上的困难。因为原则上负担结果意义上的证明责任的当事人也必然要承担行为意义上的证明责任，对于例外的情况，必然存在明确的法律规定。

“‘危险负担说’实际上是在大陆法系通说的‘双重含义说’的基础上，将作为证明责任本质的结果责任直接定义为证明责任，并和提供证据的行为责任并列。”〔1〕

上述三种观点反映了在我国不同时期对证明责任问题的理解，也表明了我国民事诉讼法学界对证明责任这一复杂问题认识的不断深入。

笔者认为，第一种观点是从“行为”二字说明，因此也被称为“行为责任说”，这种观点是从动态的视角去解释证明责任的含义，忽略掉了证明责任在实体法中的应用思路；第二种观

〔1〕 参见江伟主编：《民事诉讼法学》，北京大学出版社 2015 年版，第 201~202 页。

点虽然囊括了两种含义，从证明责任的行为开始到最终目的都概括到了，但并未揭示证明责任制度的本质；只有第三种观点将证明责任制度与法院的审判权结合起来，不仅把证明责任与诉讼中案件事实真伪不明现象联系起来，而且明确地指出了设置证明责任制度的主要目的，是为了解决法院在遇到案件事实真伪不明的困难情形时，如何作出判决的问题。因此，它一方面正确地揭示了证明责任的本质，另一方面也正确地说明了证明责任制度在民事诉讼中的主要作用。

第二节　证明责任的特征及性质

一、证明责任的特征

为进一步把握证明责任的核心内容，有必要充分地了解证明责任的特征：

（一）证明责任制度是一种拟制或假定

拟制或假定负有证明责任的当事人没有能够证明时，该事实不存在，并依此让负有证明责任的当事人承担不利后果。

证明责任制度建立的理论基础是诉讼上证明的相对性。基于诉讼证明主体的有限性、证明对象的有理性、诉讼证明时间上的有限性、证明程序与规则的确定性、证明标准的确定性等因素，诉讼上证明结果与客观事实的一致性只能是相对的。基于这样的前提，在证明制度中建立诉讼即将终结时，案件事实仍然处于真伪不明的状态的情况下，法院得裁判由提出事实主张者承担其主张不利的风险的规则就具有合理性和正当性。〔1〕应当认识到，证明责任制度的建立，实际上是通过一种技术手

〔1〕 参见潘剑锋："论证明的相对性"，载《法学评论》2000 年第 4 期。

段来解决司法实践中待证事实真伪不明的情况下法院司法裁判如何作出的问题，其法律后果与适用的条件之间的关系是拟制的或假定的。

（二）证明责任中的结果责任具有决定性意义

“结果责任决定了证明责任的本质。”〔1〕

司法实践中待证事实真伪不明的情况下法院司法裁判如何作出的问题，其核心点在于待证事实真伪不明的情况下不利益的风险由谁承担。由此可见，证明责任中的结果责任是制度的核心内容，反映了证明责任的本质。但是，结果责任只在诉讼要结束的时候才有可能出现，而且，这个结果对主张事实的当事人来讲是不利益的一种风险，其适用的前提条件又是假定的，因此，基于公平和公正的要求，立法和司法应当尽可能避免这一假定的前提条件出现。为此，立法上要尽可能地确定相关的规则，要求主张事实的当事人提供证据和对证据进行说明，而这些要求当事人进行的行为，在证明责任制度上就表现为行为责任。由此可见，行为责任是结果责任在诉讼过程中的“反映”，在待证事实真伪不明时，需承担结果责任者，在诉讼过程中需承担行为责任。可以说没有结果责任，也就没有行为责任。但是，行为责任的确定也是有意义的，这就是，从形式上看结果责任的承担，是因为当事人没有履行行为责任而出现的结果。承担证明责任的一方当事人，提出证据并进行说明的目的是避免结果责任的出现。为此，就要求法官在司法实践中，应当依据法律引领当事人获得证据和对证据进行说明，而不是“消极”等待证明责任适用的条件出现。基于上述认识，可以进一步认识到，通常情况下，作为裁判基础的法律事实通过案件的审理

〔1〕 肖建国、张春生：“民事证明责任的法律性质研究”，载《山东警察学院学报》2006 年第 3 期。

是能够确定的，真伪不明的情况通常不会出现，证明责任的后果也就不会发生。这样，法院的司法裁判通常也就根据法院查明的案件事实作出，而不是适用证明责任的结果作出。因此，也就没有必要纠结于为什么在司法实践中法院裁判很少直接援用证明责任制度的相关条款来作出判决这一本来就不应该成为问题的问题。

（三）真伪不明是证明责任发生的前提，而且真伪不明的事实是指作为裁判依据的主要事实，不涉及间接事实和辅助事实

因为法院只要对主要事实的存在与否作出认定，就能够决定是否适用实体法规，从而作出裁判。实际上间接事实和辅助事实也存在着真伪不明的问题，但对间接事实和辅助事实不适用证明责任的概念。也就是说，当间接事实和辅助事实真伪不明时，不适用不能证明其存在就假定或拟制该事实的不存在，从而承担不利的后果的规则。因为法官可以通过其他间接事实以及综合案件审理、辩论中的内容对主要事实的存在与否进行判断。即主要事实的真伪不明吸收了间接事实和辅助事实的真伪不明。在间接事实层面，根本没有必要对其存在还是不存在作出假定，而且，若是作出这种假定，反而可能是有害的。真伪不明是一种状态，是指因为当事人没有证据或有证据但不能证明到使法官能够确信该待证事实存在与否的状态。在无法确定作为裁判基础的事实存在与否的时候，法官就要考虑根据法律规定应当由谁来承担因为该事实不明所带来的不利后果。因此，证明责任作为一种规范，其作用就在于当事实真伪不明时指导法院如何作出裁判。

（四）证明责任的主体是当事人，法院不是证明责任承担的主体

“如上所述，人们能够清楚地认识到当事人是证明责任的主

体，无论是行为上还是结果上，当事人都与证明责任有直接的形式上和利益上的关系。与此同时，还应当看到，在职权主义诉讼模式下，为了有效地查明案件事实，法律规定，在一定的条件下，法院可以依职权主动调查收集证据，当事人收集证据有困难的，可以向法院提出申请，要求法院调查收集证据。基于这样的规定，在司法实践中，案件的有些证据是由法院从相关机构或人员处获得的，在形式上这些证据进入了诉讼中，是由法院提供的。在这种情形下，是否意味着法院也是证明责任的主体呢？笔者认为，在这种情况下，这些证据相对应的证明责任仍然由主张这些证据对应的事实的当事人承担，而非由法院承担，因为案件事实真伪的后果最终是由当事人承担，而不是由法院承担的。因此，对于法院依职权收集的证据或法院根据当事人的申请收集的证据，仍然需要在法庭上予以质证，仍然需要法院根据证明标准来确定这些证据的证明力的大小。”〔1〕

（五）证明责任只能由一方当事人负担，而不能由双方当事人对同一事实负担

否则，在该事实处于真伪不明时，法院就无从根据证明责任作出裁判。

当我们说民事诉讼中的双方当事人都负担证明责任时，是指他们对不同的案件事实负有证明责任，即原告对一些事实负有证明责任，被告对另一些事实负有证明责任。因此，证明责任由哪一方当事人承担是由法律、法规预先确定的，因此在诉讼中不存在在原告、被告之间相互转移的问题。例如，在请求返还借贷的诉讼中，关于借贷关系成立的事实的证明责任始终都在请求还贷人一方。

---

〔1〕 潘剑锋：“民事证明责任论纲——对民事证明责任基本问题的认识”，载《政治与法律》2016年第11期。

（六）证明责任既存在于法院原则上不得主动调查收集证据的辩论主义民事诉讼模式中，又存在于要求法院主动调查收集证据的职权主义诉讼模式中

因为即使法院依职权调查收集证据，同样也存在着案件事实真伪不明的状态，因而仍然需要依据证明责任的规则作出裁判。实行民事审判方式改革后，我国民事诉讼制度的职权成分大为弱化，证据主要由当事人收集提供，但人民法院在法律规定的特定情况下仍然会依职权调查收集证据。在此情形下，当事人对自己主张的事实未能充分举证不一定会败诉。但是，如果人民法院也未收集到证据，该事实仍处于真伪不明状态，人民法院最终还是要依据证明责任作出裁判，负证明责任的当事人还是要承担不利的诉讼结果。

（七）证明责任是在民事诉讼中，当作为裁判基础的法律要件事实处于真伪不明时，指引法院裁决由一方当事人承担相应的不利后果的规则〔1〕

因此，证明责任仅发生于诉讼（裁判）阶段，在执行阶段不发生证明责任负担的问题。执行中，债务人是否有可供执行的财产，是由申请人提供证据加以证明，还是由法院查明，并不是证明责任的问题。不能把申请人没有能够证明存在被执行人的财产的后果认为是证明责任。因此，那种认为执行阶段中也存在证明责任的观点是不正确的。

二、证明责任的性质

证明责任的性质是证明责任制度中一个根本性的问题，它关系到我们能否从本质上理解证明责任制度及发挥其作用。但

〔1〕 参见张卫平：《民事诉讼法》，中国人民大学出版社2013年版，第168页。

对于证明责任的性质，我国民事诉讼法学界一直存有争论。理论界主要有四种观点：

（一）义务说

该说认为证明责任是伴随着诉讼中的事实主张而产生的义务，当事人提出事实主张后，就应当提供证据来证明这一事实，否则将承担对自己不利的诉讼后果。

（二）权利责任说

该说认为证明责任首先是当事人诉讼上的权利，因为向法院提供证据是从诉权中派生出来的权利。另一方面，从法院审判活动的角度，证明责任又具有义务性质，理由有两点：一是当事人请求法院给予审判上的保护，应当就自己的主张向法院提供证据，如举不出证据或者举证不充分就要承担于己不利的诉讼结果；二是我国民事诉讼法是将证明责任作为义务来规定的。

（三）负担说

该说认为，证明责任对于诉讼当事人来说，既非权利亦非义务，而是当事人为了使法院能够相信他所主张的事实，作出对其有利的裁判，不得不负担的一种责任。当事人若对能否胜诉抱无所谓态度，就可以免去这一责任。

（四）败诉风险说

该说认为证明责任是一种特殊的法律责任，是在事实真相处于真伪不明状态时，当事人负担的败诉的风险。

可见，理论界对于证明责任的性质有不同的理解，目前通说认为证明责任是一种特殊的法律责任，是在事实真伪不明的情况下，当事人负担的败诉风险。我国台湾学者骆永家认为，“主张及举证活动之法律上性质，既非权利也非义务，仅为当事人为得胜诉判决之实际上必要”。换言之，不主张、不举证时将导致败诉，如不欲败诉不得不为之负担。[1]

我们认为，在以上四种学说中，只有“败诉风险说”正确地揭示了证明责任的法律属性。前三种学说的共性在于它们都是从提供证据责任的角度来认识证明责任的性质，把当事人承担证明责任归结为未尽力举证的结果。其实，证明责任的发生虽然同当事人的举证活动有一定的联系，虽然当事人可以通过努力举证来避免承担不利诉讼结果，但两者之间并无必然联系，在某些情况下，主张事实的当事人虽未举证，照样不会承担不利于己的诉讼结果。例如对方当事人在诉讼中承认了该事实，或者法院依据已知的另一事实作出了该事实存在的推定。而在另一些情况下，即使当事人尽力举证，但由于提出的证据不足以证明所主张的事实存在，或者由于对方提出了强有力的反证，使事实重新陷于真伪不明状态，最终仍然不免要承担不利的诉讼结果。

由此可见，在民事诉讼中，证明责任的承担并不是诉讼的必然结果，对当事人而言，它只是法律预先规定的一种风险，即当法律要件事实在诉讼上处于真伪不明状态时，负有证实法律要件事实责任的当事人一方应当承受法官不利判决的危险。

第三节 证明责任与相关证据制度之关系

一、证明责任与证明对象

证明对象，是指需要证明主体依法运用证据予以证明的案件事实，亦称待证事实。证明主体具有广泛性，最主要的是当事人和法院，但他们证明的目的是不同的，当事人证明的目的

---

〔1〕 宋朝武主编：《民事诉讼法学》，中国政法大学出版社 2012 年版，第 197 页。

是为了说服法官，使法官认可其关于案件事实的主张，从而作出于己有利的裁判；对于法院来说，证明的目的是确定有争议的案件事实，获得裁判的事实根据。

明确民事诉讼中的证明对象具有十分重要的意义，一般而言，抽象的证明对象通常包括以下几个方面：

（一）实体法事实

实体法事实是指引起民事法律关系发生、变更或消失的事实。包括以下四类：

1. 产生当事人之间权利义务关系的法律事实

如人的出生、死亡、订立合同、立遗嘱等。

2. 变更当事人之间权利义务关系的法律事实

如债权债务主体的变更、合同的变更、遗嘱的改变等。

3. 消灭当事人之间权利义务关系的法律事实

如债务履行、民事主体死亡、放弃继承等。

4. 妨碍当事人权利义务履行的法律事实

如无效合同、行为人丧失行为能力、不可抗力事由等。

民事实体法确定的作为证明对象的事实一般是以抽象的法律概念或术语表现出来的，如行为能力、代理权、欺诈、不可抗力、过失、因果关系等。在证明过程中，这些抽象的事实必须转化为具体的生活事实。这是因为在实际诉讼中，当事人是通过主张并证明具体的事实来证明抽象事实的，法院也是通过具体事实来认定抽象事实的。例如，当不可抗力成为合同诉讼中的证明对象时，被告方主张的不可抗力可能是洪水淹没了工厂，也可能是因地震造成了交通中断。实体法事实关系到当事人的实体权利义务，也关系到法院对案件的实体处理，因此是民事诉讼中主要的证明对象。

（二）程序法事实

是指由民事诉讼法律规范所规定，能够引起民事诉讼法律关系发生、变更或消灭的事实。例如，当事人适格、管辖、回避、中止执行等。法院认为因民事诉讼程序问题不查清，不便于对程序问题作出处理，不利于诉讼程序进行，因此，程序法事实也应成为证明对象。

（三）证据事实

证据事实是否作为证明对象，理论界有不同意见，有人认为证据是证明手段，对证据本身的审查核实，仍然是为了查清案件事实，不能把证明手段和证明对象混淆。我们认为，认定案件事实首先就涉及对作为定案依据的证据事实进行审查核实。《民事诉讼法》第63条第2款规定："证据必须查证属实，才能作为认定事实的根据。"查证属实的过程就是证明的过程。

（四）外国法律和地方性法规

在涉外诉讼中，当事人若援引外国法律来解决纠纷时，该项外国法律应作为证明的对象。再有我国地方性法规很多，审判人员不可能全部了解，也应加以证明。

但上述抽象的证明对象在民事诉讼中有一个向具体的证明对象转化的过程，在这一过程中，一方面当事人的主张责任和法官的释明权起着决定性的作用，但证明责任制度的作用亦是不可缺少的。因为证明责任制度应为法院行使审判权而服务，当案件事实处于真伪不明状态时法院亦能根据证明责任的分配制度作出裁判，因此，民事诉讼中具体的证明对象的确定应符合以下条件：

第一，该事实系当事人在诉讼中主张的事实。法院一般不能将当事人未提出的事实作为调查的对象，但是，如果该事实系法院应依职权主动查明的事实，则不受这一条的限制。

第二，该事实具有实体法或程序法意义。包括原告提出诉讼请求根据的事实，被告反驳诉讼请求、反诉根据的事实，程序要求依据的事实。

第三，双方当事人对该事实有争议。无争议的事实法院可径行认定，无需证明。

第四，该事实处于真伪不明状态。有些事实当事人虽有争议，但对法院来说，其真伪已明，因而同样不必证明。

再有，基于只有当事人才是证明责任的主体，因此，民事诉讼中无须当事人主张人民法院就应当主动查明的程序性事实，比如，关于人民法院是否对案件享有管辖权的事实，是否应当采取民事诉讼强制措施的事实，等等，此类事实是否存在虽然也需要用证据证明，但由于人民法院不是证明责任的主体，因此此类程序性事实不应视为证明对象。但另一类必须由当事人主张法院才能予以认定的事实，如是否应当采取财产保全措施等，这类事实由于必须由当事人提出主张并加以证明，人民法院不能依职权主动加以认定，因此，主张事实存在的当事人负有证明责任，应当提交证据加以证明，在此种情况下，该程序性事实自然应当成为证明对象。

综上所述，抽象证明对象的确定为证明责任的分配提供了一定的依据，但民事诉讼中具体的证明对象的确定对证明责任制度起着不可缺少的作用，二者有着十分密切的联系。

二、证明责任与证明标准

证明标准是指法官在诉讼中认定的案件事实所要达到的证明程度。

证明标准对当事人有着非常重要的作用，它是当事人决定是否起诉的一个主要因素。对当事人来说，只有了解了证明标准，才不至于因为对证明标准估计过低而在证据明显不足时贸然提起诉讼，同时不至于由于对证明标准估计过高而在证据已经准备的情况下迟迟不敢起诉。而且，在证明过程中，提供反证的必要性也同证明标准有关。因为只有负担证明责任的一方当事人提出的本证已达到证明标准，法官将作出有利于该当事人认定时，另一方当事人才有提供反证的必要。

但从根本上来说证明标准是法院衡量待证事实是已经得到证明，还是仍然处在真伪不明状态的依据。对于法官来说，只有明确了证明标准，才能够正确把握认证案件事实需要具备何种程度的证据，才能衡量待证事实已经得到证明还是仍然处于真伪不明状态，才能决定作出什么样的判决。而且，证明标准与上诉程序和再审程序也有密切联系。《民事诉讼法》把原判决认定事实不清、证据不足，作为第二审法院撤销原判决发回重审或查清事情真相后改判的原因之一；把原判决裁决认定事实的主要证据不足作为当事人申请再审和检察机关提起抗诉法定事由。而证据不足，实际也就是证据还未达到案件事实应达到的证明程度，不符合证明标准。

证明标准确定以后，一旦证据的证明力已达到这一标准，待证事实的真实性就算已得到证明，法官就应该认定该事实，以该事实的存在作为裁判的依据；反之就应当认为待证事实未被证明为真或仍处于真伪不明的状态。因此证明标准与证明责任有密切的联系。证明标准的不同，对证明责任的影响是完全不同的。

民事诉讼中实行什么样的证明标准，在很大程度上取决于对民事诉讼证明任务的界定，对此有两种认识，一是客观真实；二是法律真实。

（一）客观真实

客观真实是指法院在判决中认定的事实，与当事人在起诉前的案件事实完全吻合。把客观真实确定为民事诉讼的证明任务，始于苏联和东欧各社会主义国家，这些国家均把客观真实原则规定为社会主义民事诉讼制度的首要原则。

我国之所以将客观真实确立为证明任务，其原因是多方面的，主要有：

首先，辩证唯物主义“物质第一性，意识第二性”的认识论为查明案件事实提供了科学的理论依据。根据马克思主义理论原理，客观存在是第一性的，主观意识是第二性的，存在决定意识，人类具有认识客观世界的能力，也一定能够认识客观世界，将这一原理运用到诉讼活动中，就会得到如下结论：已经发生的民事纠纷事实，作为一种客观事实，必然会在外界留下客观的各种能为人类所感知的物品、痕迹等，从而为查明案件的客观事实提供了可靠的事实基础。

其次，实事求是的思想路线对客观真实的确立起了重要的推动作用。实事求是作为我们党的思想路线，是我们党和国家制定各项方针、政策和法律的基础，而法院“以事实为依据”审判案件，就是实事求是原则的体现，“以事实为依据”充分体现了实事求是的思想，于是将“以事实为依据”中的“事实”与实事求是中的“实事”等同起来，要求诉讼中达到客观真实。

再次，在苏联法学理论的影响下，过分强调社会主义国家的法律制度应区别于资本主义国家的法律制度。

最后，人民法院的性质及诉讼规定的各项制度、措施为查明客观真实提供保障。

根据客观真实的证明任务要达到事实清楚、证据确实充分的证明标准，确实、充分既包括对证据质的要求，又包括对证据量的要求。具体而言，它要求：据以定案的各种证据均已查证属实；案件事实都有必要的证据予以证明；证据之间，证据与案件事实之间的矛盾已合理排除；得出的结论是唯一的，排除了其他可能性。上述要求必须同时具备，才能认为证据已达到切实充分的程度。

可见，该证明标准因为不认可案件事实存在真伪不明的情况，证明责任制度是没有存在的必要的，这只会造成证明责任这种各国普遍采用的解决案件无法查清情况的制度形同虚设。

（二）法律真实

法律真实是指法院在裁决中对事实的认定符合民事诉讼中的证明标准，从所依据的证据来看已达到可以视为真实的程度。将法律真实界定为证明任务是因为：

第一，人们对于客观事物的认识，是一个非常复杂的过程，诉讼中对已经发生过的案件事实的认定只能是在特定的条件下、在一定的时间限制下进行，因此认定的案件事实不可能总是符合事实真相。客观真实片面地理解马克思唯物主义的认识论，过分地强调了人的认识能力的无限性，而忽视了人类在一定条件和时间限制下的认识的阶段性和有限性。

第二，立法上出于对其他重要的法律价值的考量，作出的某些规定也阻碍了客观真实的发生。如为了兼顾公正与效率，规定了审限，并且证据立法技术上广泛地适用推定和法律拟制方式。虽然推定可以达到大体准确的程度，但它毕竟不是100%的真实。再有出于保护个人人身自由、家庭生活安宁及夫妻关系的和谐，明确地排除了那些不合法的手段收集来的证据。

第三，当事人争议的案件事实是发生在诉讼前的事实，这些事实不能重现于法庭，即时间不能倒流，因此客观上无法将裁判中认定的事实与实际发生的案件事实进行对照比较。

可见，由于各种条件的限制，客观理想的状态是很难达到的，所以应以法律真实作为确立证明的任务。

在法律真实的大原则下，借鉴其他国家的立法经验，我们认为应该将“盖然性占优势”作为我国民事诉讼的证明标准。

所谓“盖然性占优势”在本质上是指，某一事实存在或不存在的证据的分量与证明比反对的证据更有说服力，或者比反对的证据的可靠性更高。其实质决定因素并不是简单地、形式主义地看证据数量的多少，而应看证据的质量；它要求负有证明责任的一方当事人对其所主张的事实提出的证据分量和证明力比反对该事实存在的证据更具说服力。如双方当事人提出的证据的证明力大体相当，难以判断哪一方的证明力更强时，法官应作出对负有证明责任的当事人不利的判决。

综上所述，只有将证明标准制度和证明责任制度密切结合起来，它们才能够发挥应有的作用，并为法院行使审判权提供实质性的依据。

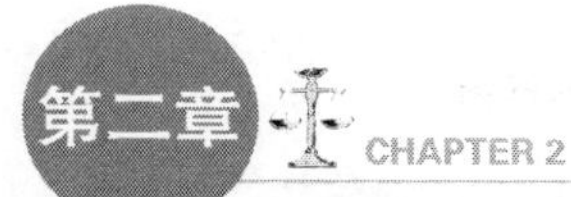

第二章 CHAPTER 2 证明责任制度的历史发展

第一节　我国证明责任制度的历史发展

我国从1911年清政府起草的《大清民事诉讼律草案》至今，证明责任制度经历了一个漫长的发展过程，在不同的历史时期，对证明责任制度的认识是不同的，当然，这也是由于其所处的历史背景的不同所造成的。

一、1911年《大清民事诉讼律草案》

在中国，举证责任这一概念最早见于由沈家本主持起草，并于1911年1月27日完成的《大清民事诉讼律草案》。[1]该草案的构造以及具体条文几乎都是对德、日民事诉讼法典的照搬。清政府还邀请了日本著名的民事诉讼法学家松岗义正帮助立法。松岗义正也将当时的举证责任理论介绍到了中国。他指出："举证责任者，兼言之，即当事人为避免败诉之后果，而有证明特定之必要。"可见，当时的举证责任是一种提供证据加以证明的

〔1〕 参见廖中洪："民事举证责任概念评说"，载《证据学论坛》2001年第2期。

责任。[1]从中日两国通用汉字以及日本学者对修订律法的参与，可见中国最早的“举证责任”是对当时日本的“举证责任”“立证责任”概念的直接援用。当时日本的民事诉讼法及其理论是德国法的全面“本土化”。“举证责任”是德国民事诉讼术语“Beweislast”的日译。所以，我国最早的举证责任概念是以日本为中介的德国民事诉讼术语。由于德国最初也是在提供证据责任的层面理解举证责任，因而当时的日本传入我国的举证责任最初也仅指提供证据责任。

可见，就我国证明责任概念的历史来看，证明责任完全是一个“舶来品”，是经日本传入我国的德国法里的概念，它是对日本法概念的直接援用。[2]在我国，证明责任概念从引入开始就一直使用举证责任的称呼。

二、1982 年《民事诉讼法（试行）》

证明责任在我国民商事审判中的适用经历了一个“从无到有”的过程。从新中国成立至 1982 年期间，我国没有出台民事诉讼法，法院内部也没有成立专门审理民事纠纷的审判组织——民事审判庭，“文化大革命”后法院更是曾经一度被废除，严格意义上的民事诉讼都不存在，遑论证明责任了。1982 年我国第一部《民事诉讼法（试行）》第 56 条规定：“人民法院应当按照法定程序，全面地、客观地收集和调查证据。”这一阶段奉行的是所谓“超职权主义模式”，证据的调查与收集是由法院包揽的，当事人到法院去诉讼，只要提供证据线索，法官就要全面客观地调查收集证据。此等诉讼模式下，法官的调查取证权很

---

〔1〕 参见李浩：《民事举证责任研究》，中国政法大学出版社 1993 年版，第 14~15 页。

〔2〕 参见白迎春：“证明责任内涵的重新定位”，载《河北法学》2015 年第 6 期。

大，法院的审判对象、审判范围，也不仅仅局限于当事人的诉讼请求、诉讼主张，适用证明责任裁判的概率势必极低。加之新中国成立后很长一段时间，随着我国在各方面与苏联的接轨，法学方面也承继了苏联的理论，而暂时中断了原来与大陆法系的联系。大陆法系之后对举证责任概念的发展，我国当时并没有引进介绍。而苏联的证据理论认为举证责任就是提供证据的责任。受苏联证据理论影响，作为当时国内最高权威的民事诉讼法教材《民事诉讼法学》（由柴发邦主编，法律出版社1987年出版）将举证责任定义为："当事人对自己所主张的事实提供证据加以证明的责任。"1982年的《民事诉讼法（试行）》第56条第1款和1991年的《民事诉讼法》第64条第1款，都规定了当事人对自己提出的主张，有责任提供证据。可见，我国在相当长一段时间里一直以提供证据责任来定义举证责任。当时的提供证据责任也有从行为和结果两个方面来理解，即当事人对自己的主张负提供证据证明其真实性的责任以及对自己的主张不实施举证行为或在其主张无法证实时承担不利益诉讼后果的责任。事实上，这种结果依附于行为之上，即当事人未尽行为责任所引起的诉讼后果，因而这个意义上的结果责任还是属于提供证据责任的范畴，与大陆法系客观证明责任概念无关。

而且，由于当时我国的诉讼法理论、证据法理论都非常匮乏，国外的证明责任理论也没有介绍进来，"证明责任裁判"一词在我国民诉领域尚未出现，因此这些年真正意义上的证明责任裁判在我国司法实践中无从查找。20世纪80年代末，我国法院系统开始积极探索民事审判方式的改革，为解决案多人少与任务重的矛盾，通过强调当事人的举证责任，改变由法官包揽查证的状况，强化当事人在诉讼中的主体地位和法官的中立性。

法律和司法解释相关条文不够明确，证明责任裁判理论此时尚未引入中国，这一阶段的司法实践中，虽有零星判决事实上适用了证明责任裁判，但证明责任裁判仍没有成为法官在面对“要件事实真伪不明”时的一种自觉自为的行为。

学术界对举证责任的解释和研究也没有明显起色。人们通常根据《民事诉讼法》第64条第1款来定义和解释举证责任。依有关学者的解释，《民事诉讼法》第64条第1款设定了举证责任分担的一般原则，即：①当事人双方都应负担举证责任；②谁主张事实，谁举证。就是说无论是原告、被告，还是第三人，谁主张一定的事实（包括肯定事实和否定事实），谁就有责任提供证据证明该事实。[1]《民事诉讼法》第64条第1款规定及其有关学理解释，没有就何人应就何种事实负责举证，以及在事实存否不明的场合，法院应对何人作出败诉判决的问题，为法官提供判决的标准。因此，它们对于解决举证责任分配问题到底有什么帮助，是有疑问的。此外，根据该规定分配举证责任，必然导致举证责任的转换和不公平的分配结果。

三、2001年最高人民法院《证据规定》

20世纪90年代，德国、日本有关证明责任的理论逐渐介绍到中国大陆。李浩教授最早撰文指出：“应当从行为和结果两个方面来解释举证责任。即举证责任具有双重含义：行为意义上的举证责任和结果意义上的举证责任。前者是指当事人对主张的事实负有提供证据加以证明的责任；后者是指在事实处于真伪不明状态时，主张该事实的当事人所承担的不利后果。这种不利的诉讼结果既表现为实体法上的权利主张得不到法院的确

---

〔1〕 参见柴发邦主编：《中国民事诉讼法学》，法律出版社1992年版，第335~336页。

认和保护，又通常表现为因败诉而负担诉讼费用。”〔1〕李浩称之为举证责任的“双重含义说”。张卫平、陈刚等学者也纷纷提出客观证明责任的概念。〔2〕至20世纪90年代末，客观证明责任的概念广为流传。最典型的表述是：“证明责任是指事实真伪不明时，法官因不得拒绝裁判而采用的处理案件方法。”〔3〕“证明责任是指在作为裁判基础的某个事实真伪不明时，依照预先规定的裁判规范由当事人所承担不利后果的一种负担。”〔4〕

基于民事诉讼理论的研究，上述立法长期停滞不前的局面到2001年终于有所改变。2001年12月21日，最高人民法院颁布了《证据规定》。其中第2条规定：“当事人对自己提出的诉讼请求所依据的事实或者反驳对方诉讼请求所依据的事实有责任提供证据加以证明。”（第1款）“没有证据或者证据不足以证明当事人的事实主张的，由负有举证责任的当事人承担不利后果。”（第2款）与前两部《民事诉讼法》相比，《证据规定》的内容显然细致一些，初步反映了举证责任的基本性质之一——败诉风险性（由负有举证责任的当事人承担不利后果）。但是，它仍然存在严重的缺陷，即举证责任概念模糊，没有反映举证责任的不可转移性（这是举证责任的另一个重要性质）。尤其需要引起注意的是，到目前为止，关于我国举证责任概念的主流理论仍然袭用“法律要件分类说”。这种学说与举证责任概念的模糊性具有十分密切的关系。一方面，举证责任的立法深受该学说的不良影响，深刻地体现了模糊性；另一方面，当立法上

---

〔1〕李浩：《民事举证责任研究》，中国政法大学出版社1993年版，第15页。

〔2〕张卫平教授著的《程序公正实现中的冲突与衡平》系统介绍了西方举证责任理论；陈刚教授著的《证明责任法研究》也详细研究了现代证明责任理论。

〔3〕陈刚：“证明责任概念辨析”，载《现代法学》1997年第2期。

〔4〕张卫平：“证明责任概念解析”，载《郑州大学学报（社会科学版）》2000年第6期。

就举证责任作出规定之后，如果利用该学说解释立法条款，其解释必然是模糊的、不合理的。〔1〕总之，《证据规定》第2条虽然有明显的进步，但仍存在举证责任概念模糊的问题，会给司法实践造成消极的影响。〔2〕

《证据规定》颁布之后，随着我国学界对举证责任问题研究的深入以及西方证明责任理论的引进，“证明责任”这一术语才被更多地运用，同时客观证明责任的内涵也逐渐广为流传。有学者将其总结为“证明责任是指事实真伪不明时，法官因不得拒绝裁判而采用的处理案件的方法”，〔3〕还有学者进一步对证明责任进行了界定，认为“证明责任是指在作为裁判基础的某个事实真伪不明时，依照预先规定的裁判规范由当事人所承担不利后果的一种负担”，〔4〕这都标志着我国学界对证明责任观念从主观到客观的转折，有学者将这种主观的证明责任和客观的证明责任关系描述为本质与现象的关系。〔5〕

特别是近些年，随着民事诉讼法学界及司法实践对证明责任制度日益重视，对证明责任制度的研究也取得了重要的成果，尤其表现在证明责任的含义、特征、性质及证明责任的分配等方面，对于民事诉讼立法及司法实践发挥了非常重要的作用。

---

〔1〕 参见叶自强：“举证责任的确定性”，载《法学研究》2001年第3期。

〔2〕 参见叶自强：“举证责任的确定性”，载《法学研究》2001年第3期。

〔3〕 陈刚：“证明责任概念辨析”，载《现代法学》1997年第2期。

〔4〕 张卫平：“证明责任概念解析”，载《郑州大学学报（社会科学版）》2000年第6期。

〔5〕 参见李浩：《民事证明责任研究》，法律出版社2003年版，第42页。

第二节　域外证明责任制度的历史发展沿革

一、从古罗马法至19世纪末——行为责任的确立

大体而言，大陆法系和英美法系的民事诉讼分别源于古罗马法和古日耳曼法。按照学者们的研究，证明责任制度最早萌芽于古罗马时期。“举证责任”一词也出现在古罗马的法典中。公元前450年颁布的《十二铜表法》第6表第2条规定：“凡主张曾缔结‘现金借贷’或‘要式买卖’契约的，负举证之责。”[1]那个时候法律就已强调双方当事人的对抗以及对所主张事实的证明。现代研究者对当时的举证责任制度概括出如下五个方面的含义：一是提出主张者承担证明的责任，而反对和否定者没有举证责任；二是对于物质的本质属性，反对者不需要举证证明；三是如果原告没有举证成立，被告就会取得胜诉；四是对于原告的诉讼请求和起诉主张的权利，应当举证予以证明；五是如果有抗辩意见被提出，那么抗辩者应当举证证明。[2]随后，证明责任制度又不断完善并取得发展。

从古罗马民事诉讼的运行过程来看，其证明责任只能是行为责任。因为，这一时期，被告只能进行积极抗辩，不能否认或反驳原告的请求，原告才有提起诉讼的权利。证明责任由主张方或肯定方承担，且不可转移，[3]为此，古罗马法确定的两大举证责任分配原则，一是“原告应负举证责任”，另一个是

〔1〕李浩：《民事举证责任研究》，中国政法大学出版社1993年版，第1页。

〔2〕参见罗玉珍、高委主编：《民事证明制度与理论》，法律出版社2003年版，第123页。

〔3〕参见JamesB. Thayer，“The burden of Proof”，*Harvard Law Review*，2（1890），50.

“肯定者应负举证责任，否定者不然”。所以，其证明责任只能是行为责任。

德国普通法诉讼在19世纪末期以前的证明责任只能是行为责任。德国普通法诉讼实行证据分离主义，诉讼中，法官要对原被告之间的争议事实下一个中间判决，即证据判决。因此，证据申请与事实主张相分离，首先由当事人依法定顺序提出事实主张或抗辩，诉辩结束后，法官便以证据中间判决决定证明对象的证明责任分担。负担某一证明对象证明责任的当事人有义务举证以使法官对该事实的存在形成确信，对方当事人则有提出反证的权利。因此，这一时期的证明责任只能是行为责任。

日本早期的法律比较多地受德国法律的影响，将证明责任主要理解为行为责任。

在英美法系国家的法律发展史上，诉答制度和陪审制度对证明责任的含义的理解影响最大。这种诉答式诉讼程序中实行单一争点，诉答状的技术性很强，诉因不同要求的诉讼形式不同。被告可以针对原告的主张提出异议，当事人只能就其诉或答进行举证。如果原先的原告对此新主张仅仅表示否认，则成为被告。如此，证明责任就可以在原被告之间转移了，只是一方当事人对于对方的主张无需使法官达成确信。〔1〕

此后，随着陪审制的建立，人们日益关注职业法官和陪审团各自职能的界限的划分，特别是法官给予陪审团的指示上级法院如何进行审查的问题，均对于辨明证明责任的不同内涵越来越重要。

〔1〕 参见 JamesB. Thayer，“The burden of Proof”，*Harvard Law Review*，2（1890），50.

二、近现代的证明责任制度——从行为责任到结果责任的历史流变

近代以来，大陆法系将客观的证明责任视为证明责任的本质，而关于证明责任概念的争论也主要是源于客观的证明责任概念的出现。这一新概念经由莱昂哈德（Leonhard）和罗森贝克（Rosenberg）等人的大力倡导，在德国理论界逐渐占了上风。〔1〕中国台湾地区的学者在这一问题上的观点与德日不尽相同，其主流学说虽然承认了（客观的）证明责任这一概念，但并没有将之视为证明责任概念本身，而是至多将其与（主观的）证明责任概念（形式的举证责任）并列作为证明责任这一概念的双重含义。比如骆永家谓："当事人为避免败诉负有以自己之举证活动证明该事实之责任，此种责任称为主观的举证责任（Subjective Bewieslast），证据提出责任（Beweisfuhrungslast），或形式的举证责任（Formelle Beweislast），为行为责任，此为举证责任概念之一侧面。而前述之因法律规定之要件事实最后尚真伪不明，当事人所受之不利益（败诉），称为客观的举证责任（Objective Beweislast），确定责任（Feststellungslast），或实质的举证责任（Materielle Beweislast），为结果责任，此乃与当事人之举证活动无关也。"根据中国大陆学者较权威的表述，英美法著作通常是在"Burden of Proof"这一标题下展开对证明责任问题的论述的，且一般将该问题分为两层含义来讨论。〔2〕但所谓的"Burden of Proof"到底包括哪两种含义，也经历了一定的演变。比如塞耶（Thayer）将之分为"法定的证明责任"（Legal Burden）和"在诉讼的任何阶段对争议事实提出证据的责任"；威格莫尔又将前者称

---

〔1〕 参见张卫平：《民事诉讼：关键词的展开》，中国人民大学出版社 2005 年版，第 205 页；李浩：《民事证明责任研究》，法律出版社 2003 年版，第 6 页。

〔2〕 参见李浩：《民事证明责任研究》，法律出版社 2003 年版，第 3 页。

为“说服责任”（Burden of Persuasion）。而专门面向中国读者的《美国民事诉讼的真谛》（The Nature of American Civil Litigation）一书则将之分为“举证责任”（Burden of Production）和“说服责任”（Burden of Persuasion），并且将二者合称为“完整的证明责任”（Burden of Proof）。[1]“虽然关于各自的定义稍有不同，但一般认为‘burden of production’相当于大陆法系中的主观的证明责任，而‘burden of persuasion’相当于客观的证明责任。”[2]

在日本，提供证据责任概念作为调整诉讼证明和法官事实认定的制度工具原本就比较发达，自20世纪初期从德国引入现代证明责任理论后，客观证明责任概念及其相关学说逐渐成为多数说。但日本学者中仍有不乏长期坚持主张主观证明责任概念的学者，甚至在20世纪80年代初期，曾出现过主观证明责任研究的中兴。作为证明责任补充的“举证必要论”、作为证明责任组成部分的“证据提出责任论”、作为取代客观证明责任的“行为责任论”依次登场，不断挑战了客观证明责任理论的支配地位，这些学说的共同特征在于欲从根本上取代客观证明责任机制，因此均未能成功。但20世纪末，春日伟知郎对证明责任在实践中的具体应用特别是证明责任减轻机制的系统研究可视为是承袭以上学说旨趣的一种总结性与归纳性的学说。[3]和以往学说的区别在于，其所倡导的学说并不企图取代客观证明责任理论的地位，而是在肯定客观证明责任对诉讼活动的总体调整功能前提下，提出关于具体证明行为责任调整的多个具体技

〔1〕 参见［美］史蒂文·苏本、玛格瑞特（倚剑）·伍：《美国民事诉讼的真谛：从历史、文化、实务的视角》，蔡彦敏、徐卉译，法律出版社2002年版，第85页。

〔2〕 许可：“要件事实论的实体法基础：证明责任理论”，载《民事程序法研究》2008年第00期。

〔3〕 参见胡学军：“从‘抽象证明责任’到‘具体举证责任’——德、日民事证据法研究的实践转向及其对我国的启示”，载《法学家》2012年第2期。

术制度，以实现和客观证明责任概念的共存与相互补充。这一思路与立场在日本得到了新老学者的共同肯定，春日的集中于诉讼证明行为规律研究的理论正在日本和平崛起。

综上所述，19世纪末，德国学者格拉查（Julius Glaser）和美国学者塞耶（Thayer）几乎同时提出了证明责任的“双重含义说”，并逐步在大陆法系和英美法系获得广泛认同。[1]双重含义说的出现打破了提供证据意义上的证明责任概念“一统天下”的局面，明确将证明责任区分为“行为意义”和“结果意义”，或者“主观意义”和“客观意义”。

具体来说，近现代以来，大陆法系的证明责任主要指在事实真伪不明的情况下，法官据以裁判由何方当事人承担不利后果的法定风险分配形式。[2]与其说是一种责任，不如说是一种辅助法官在事实真伪不明的情况下，进行法律适用的裁判规范，因而也被称为是“法官裁判本位的证明责任观”。前者被大陆法系的学者称为主观证明责任，后者被称为客观证明责任。英美法系的证明责任同样具有双重含义，包括证据提出责任和说服责任。前者是原告向法院提出证据证明案件成立，需要交由陪审团裁判的必要，否则法官不必交由陪审团，而直接下法律上的裁判来裁判原告败诉。[3]

上述研究成果的出现，开创了证明责任理论的新纪元。

三、现代证明责任制度的发展——证明责任的减轻

证明责任减轻是在大陆法系证明责任理论发展到一定时期

〔1〕 参见李浩：《民事证明责任研究》，法律出版社2003年版，第3~6页。

〔2〕 肖建国：《证明责任：事实判断的辅助方法》，北京大学出版社2012年版，第194页。

〔3〕 黄国昌：《民事诉讼理论之新展开》，北京大学出版社2008年版，第123~124页。

而出现的。在德国，自罗森贝克 1900 年发表《证明责任论》，标志着客观证明责任及其分配理论成为民事诉讼的“脊梁”，宣告了客观证明责任理论时代的到来。其后的近半个世纪，虽然证明责任理论尤其是罗森贝克所倡导的规范说历经挑战，但在其弟子施瓦布及再传弟子普维庭和戈特瓦尔德等的维护下，客观证明责任理论仍长期属于民事证据领域的核心命题，规范说仍居于证明责任分配理论的主流地位。借助于辩论主义及证明责任等核心概念，现代民事诉讼模式与结构得以被塑造定型。但此后，随着现代型案件的出现对传统理论不断造成冲击，证明责任分配理论越来越难以有效解释实践，二战后德国学者的研究开始更多转移到如何通过多种证明责任减轻的制度技术来更有效接近案件真相的证明行为机制上来。证明标准降低、表见证明、摸索证明、举证妨碍、事案解明义务一般化等一系列有关证明行为规范及证明评价规范的制度逐渐发挥了对证明责任分配理论进行缺陷弥补的功能，悄然侵蚀了传统上属客观证明责任学说解释的领地。尤其是当事人在诉讼过程中阐明义务的提出，从根本上动摇了客观证明责任分配所框定的当事人双方在具体证据提供方面各自负责的分工局面。1966 年，从摸索证明出发，彼得斯（Peters）和吕德里茨（luderitz）也对阐明义务进行了研究（彼得斯：《民事诉讼中的摸索证明》，吕德里茨：《在伸张私人权利时禁止摸索和答复请求权》）；1976 年，阐明义务研究的集大成者施蒂尔纳（Stürner）发表《民事诉讼当事人的阐明义务》一文，并同阿伦斯（Arens）就此展开了全方位的论争。[1]阐明义务的提出意味着，证明责任将同实施诉讼（证明行为）的责任或义务相分离，证明责任减轻理论由此逐渐

〔1〕 参见［德］米夏埃尔·施蒂尔纳：《德国民事诉讼法学文萃》，赵秀举译，中国政法大学出版社 2005 年版，第 296~312 页。

脱离证明责任分配理论的窠臼而获得相对独立的发展空间，并因其更强的解释力而逐渐接管了现代型诉讼等证明责任理论解释困难的领域。

第三节 域外证明责任制度的历史发展对我国的影响

"19 世纪末，日本学者将转译的德国法证明责任概念传入我国，日本学者通常将德语的'Beweislast'译述为'举证责任''立证责任'，我国学者则更多沿用日语的'举证责任'来表述'Beweislast'的汉译"。[1]由于证明责任双重含义说当时也只是刚刚提出，还未形成世界性的影响力，因此日本学者也只是将其信守的行为意义证明责任引入我国。[2]此后这种对证明责任的理解和界定一直在我国占据着统治地位。[3][4]

20 世纪 80 年代以后，国外的证明责任理论特别是双重含义学说被引入我国，[5]并逐渐在学术界取得了通说的地位，比如李浩教授认为："证明责任具有双重含义，行为意义上的证明责任和结果意义上的证明责任。前者指当事人对所主张的事实负有提供证据证明的责任；后者指在事实处于真伪不明状态时，主张该事实的当事人所承担的不利诉讼结果。这种不利的诉讼结果既表现为实体法上的权利主张得不到人民法院的确认和保

[1] 陈刚：《证明责任法研究》，中国人民大学出版社 2000 年版，第 15~16 页。

[2] 参见［日］松冈义正：《民事证据论》，张知本译，中国政法大学出版社 2004 年版，第 32 页。

[3] 参见邵勋、邵锋：《中国民事诉讼法论》（下），中国政法大学出版社 2005 年版，第 503 页。

[4] 郭卫：《民事诉讼法释义》，中国政法大学出版社 2005 年版，第 199 页。

[5] 参见李浩："我国民事诉讼中举证责任含义新探"，载《西北政法学院学报》1986 年第 3 期。

护，又通常表现为因败诉而负担诉讼费用。”但李浩教授同时认为客观的证明责任才是证明责任制度的本质。另一部分学者则倾向于采用结果责任说，比如张卫平教授认为：“证明责任，又称举证责任，是指当作为裁判基础的法律要件事实在诉讼中处于真伪不明的状态时，一方当事人因此而承担的诉讼上的不利后果。”

在此基础上，双重含义说也逐渐获得了实务界的基本认同，《证据规定》第 2 条就被认为是现行立法和司法实务界采纳双重含义说的结果和证明。双重含义说的出现引发了证明责任的理论“革命”，其重大意义无论如何不能被低估。然而，将结果意义证明责任与行为意义证明责任两种完全不同的责任一同置于证明责任这一概念术语之下，也的确导致了“后提供证据责任时代”理论、立法和司法实践中的诸多混淆和混乱，至少在中国语境中是如此，对这一状况我们同样不能低估。

为了避免或者尽可能减少这种混淆和混乱，笔者认为，应当将行为证明责任与结果证明责任在概念术语上彻底分立，分别称为“提供证据责任”和“证明结果责任”，并且放弃我们一直使用如今却带来更多混淆的“举证责任”术语。需要特别指出的是，笔者“主张和坚持‘走出’双重含义说概念框架的立场，绝不是要否认双重含义说的重要价值和历史贡献，而是试图指出双重含义说下的概念框架具有暂时性和过渡性的特征，双重含义说区分行为与结果两种责任的‘革命成果’应当通过证明责任与提供证据责任在概念术语上的彻底分立而加以巩固。因此，所谓证明责任概念的分立论立场实际上是通过另一种方式坚持和维护双重含义说。”〔1〕

---

〔1〕 霍海红：“证明责任概念的分立论——基于中国语境的考察”，载《社会科学》2009 年第 6 期。

第三章 CHAPTER 3 域外证明责任制度的比较考察

第一节 大陆法系证明责任制度的考察

一、现代证明责任理论的提出与确立

（一）证明责任含义的提出与确立

从格尔查到莱昂哈德，证明责任的概念来自罗马法，最初是指当事人向法院提出证据证明自己主张的行为责任。德国学者尤里乌斯·格尔查在1883年出版的论文集《刑事诉讼导论》中将“证明责任”的含义作了“实质上的证明责任或客观的证明责任”和“诉讼上的证明责任或主观的证明责任”的划分，为其后的含义变迁埋下伏笔。此后，德国法学界接受了尤里乌斯·格尔查的观点。[1]

日本的法律及理论深受德国的影响，在德国的相关学说进入日本以前，主要是主观证明责任的观点。日本学者松岗义正在其所著《民事证据论》中，就是从行为责任的角度来理解证明责任的。直到1917年日本学者雉本朗造在其所著《举证责任之分配》一文中，才将德国学者格尔查的双重含义说的证明责

〔1〕 参见［德］莱奥·罗森贝克：《证明责任论》，庄敬华译，中国法制出版社2002年版，第11页。

任观点介绍到日本。

关于证明责任含义的观点，民事诉讼中的辩论主义起着非常关键的作用。大陆法系的学者认为民事诉讼最基本的理念之一，就是将辩论主义贯穿于民事诉讼。没有这一基本理念，证明责任概念的确切含义及其与提供证据责任之间的关系就无法理解。大陆学者认为辩论主义的实质内容包括三个方面：首先，当事人没有申请的证据，法院不得依职权进行调查；其次，当事人没有在辩论中主张的事实，法院不得在判决中加以认定；最后，双方当事人没有争议的事实，法院应当作为定案的依据。根据辩论主义，如当事人未能提交证据证明自己的主张，将承担不利的后果。因此，提供证据责任是证明责任的“投影”。因为在每一个诉讼开始之前，证明责任已经由法律预先作出了抽象的分配。进而在具体诉讼中，提出主张的当事人为了避免败诉的后果，即证明责任的实际发生，才会积极地进行证明的行为。

为此，日本学者三月章认为，证明责任的作用不仅是作为确定案件事实真伪不明时的裁判准则，这种规范也对诉讼审理过程中当事人及法院的行为起着规制作用，因而证明责任作为行为规范的作用，也是不能忽视的。正是从侧重于证明责任中行为规范作用的立场出发，在日本也出现了自觉倡导主观举证责任观念的学说。这种学说将作为真伪不明时裁判准则的证明责任，称为客观的举证责任，而将为了避免遭受因法院对系争事实作出存在或不存在的判断而导致的不利益而在审理过程中进行举证的必要性，称为主观的举证责任（抽象的证据提出责任），在此基础上来考察证明责任对于审理过程的影响。[1]

---

〔1〕［日］三月章：《民事诉讼法》（法律学全集），有斐阁1959年版，第406页。

可见，辩论主义对证明责任理论的发展起了非常重要的作用。

（二）证明责任分配的各种学说的建立

证明责任含义基本确立，即认为证明责任是当案件事实真伪不明时法官作出相应的裁判的依据。在此基础上证明责任的分配就必然成为理论及立法亟需解决的问题。对此，观点众多，争论较大，在众多观点中影响最大的是法规分类说和法律要件分类说。

此外，莱昂哈德在证明责任分配方面也提出了“完全性说”。该学说在方法论上着眼于对实体法的分析，认为在实体法的规范中包含着诉讼方面的内容，法官只有在该法律要件事实的存在获得证明时，才能作出有利于主张者的判决，反之，法官只能作出对主张者不利的判决。莱氏所要求的要件事实是法律所要求的全部要件事实，而不是其中的部分要件事实。按此，原告不仅要证明权利发生的法律要件事实的存在，还要证明权利妨碍的法律要件事实不存在，这样在实际诉讼中势必会加重原告的证明负担。为了缓和原告的证明责任负担，他提出了“反驳责任”概念。这种责任是根据民事诉讼法上的诚实信用原则和公平原则，课以被告对部分权利发生的法律要件事实加以说明的负担。在证明责任分配方面，该学说的方法论对罗森贝克的理论具有直接的启发意义。

二、证明责任的理论占统治地位时期

无论是罗森贝克还是施瓦布均是德国研究证明责任的著名学者。在证明责任的各种学说观点众多的情况下，1900 年罗森贝克出版了著名的《证明责任论》。该著作全面、系统地研究、论述了证明责任制度，对于证明责任制度的研究及发展具有非常重要的贡献。首先，在证明责任的分配方面他将引起实体法效果的法律要件一分为四，提出了“规范说”，虽然该学说也是在借鉴其他法律要件说的基础上提出来的，[1]但该学说逻辑性、系统性、可操作性强，很快在德国取得通说地位。再有，罗森贝克在民事程序法和民事实体法的交叉研究方面，作用极为突出。后来罗森贝克的学生施瓦布又进一步继承并完善了他的证明责任分配理论。

罗森贝克认为证明责任本质上是指客观的证明责任，即当案件事实处于真伪不明的状态时，当事人所承担的不利风险。因此，他认为现代证明责任的含义的重要意义在于解决了在案件事实真伪不明时法院应如何作出裁判的问题。可见，罗森贝克的证明责任体系简单、清晰，突出了客观证明责任，指出客观证明责任才是证明责任的实质。其分配理论以“法规不适用”为基础，用以说明法官对事实真伪不明的处置办法。但我们也应看到，由于罗森贝克司法实践经验的欠缺，其理论在面对复杂的证明实践时就会遇到难以解释的问题。而证明责任问题，尤其是证明责任的分配问题，却正是司法实践中的重点，法官的任务就是作出客观公正的裁判，而且绝大多数案件很少用到证明责任裁判。

为此，许多后续学者也提出了一些证明责任分配的学说，欲取代罗森贝克的证明责任学说。具体包括莱波尔特、穆兹拉克、普维庭等德国诉讼法学者。特别是在1966年莱波尔特专门发表了《证明责任规范以及法律上推定》一文对罗森贝克的“规范说”提出质疑，在批判罗森贝克“规范说”上，上述等人的意见是基本相同的，即认为不应从法不适用的角度来说明

---

〔1〕 参见［日］村上博已：《证明责任研究》，有斐阁1986年版，第40页。

客观证明责任，而应当把证明责任看作是专门用来克服真伪不明的特殊规范。为此，普霍斯提出了“危险领域说”，赖讷克和瓦亨多夫提出了“盖然性说”“损害归属说”，等等。但这些理论和罗森贝克的理论相比较，有两点不足：其一，不够简洁及逻辑清晰性不足；其二，证明责任和证明评价领域相混淆，所确定的分配规范模糊不清。[1]

因此，虽然罗森贝克的证明责任理论存在着一定的问题，但其理论所具有的塑造民事诉讼结构与模式的功能却很少受到质疑。

三、具体证明行为领域研究时期的证明责任理论

1939年德国学者弗里茨·冯希佩尔基于对诉讼中的辩论主义及其基础自由主义的批判，发表了《民事诉讼中当事人的真实义务和阐明义务》一文，第一次提出了为不负证明责任的当事人创设一般性阐明义务以查明事实这一新的理论。但该理论在相当长的时期内影响很小。因为在辩论主义的原则下，阐明义务很难存在。

1976年，德国学者施蒂尔纳发表教授资格论文《民事诉讼当事人的阐明义务》。根据施蒂尔纳的观点，承认当事人具有阐明义务意味着证明责任将同实施诉讼——即推动对案件事实的阐明——的责任或义务相分离，仅当阐明不成功时，才应当适用关于证明责任的规定进行干预。

因为在现代社会，案件中民事活动的平等与自愿原则基本丧失，侵权和被侵权的主体基本被固定下来，原告、被告的诉讼地位很难互换，所以在诉讼中双方当事人实质地位和掌握的

〔1〕 参见［德］罗森贝克、施瓦布、戈特瓦尔德：《德国民事诉讼法》，李大雪译，中国法制出版社2007年版，第852页。

证据材料是不对等的，使原告的举证能力大大弱于被告，如果仍严格遵照辩论主义的要求，就会导致原告举证困难或举证不能的地位，进而导致败诉的不利后果，这和民事诉讼所追求的实质公平理念是不一致的。为此，有必要对辩论主义的内容加以改变，即法院在必要时可以对当事人进行释明（阐明），以帮助当事人提出诉讼资料，更好地查明案件的真实情况，从而保护当事人的合法权益。

但德国学者施瓦布作为罗森贝克的学生，对阐明义务一般化持反对的态度，认为其对于客观和主观的证明责任制度过分干预。它要么使案件事实能够阐明，要么是在违反阐明义务时可以进行否定性拟制，因此阐明义务使真伪不明情形日益减少，使客观证据责任的适用情形日益缩小，将有可能降低证明责任分配的价值，否定证明责任倒置，而主观抽象证明责任实际上不存在了。这意味着以实体法的评价为基础的风险责任分配发生了重要的改变。

对此，施蒂尔纳则认为，阐明义务使案件事实能够得到更好的阐明，因此也更少适用证明责任来进行裁判，这是符合民事诉讼规律的，对于司法实践是有益的。施瓦布过分夸大了阐明义务对主观证明责任的干预，这一理论只是将长期存在的法律发展从理论上进行整理，至多只是逐点地针对当时的诉讼实践进行扩展。[1]不会导致法律上的协助义务或阐明义务转移举证责任，它只是减轻了举证人的困难。

综上，阐明义务的学说开创了具体证明过程中当事人权利义务的新理论，在一定意义上来说，会造成证明责任及其分配

---

〔1〕 参见［德］罗尔夫·施蒂尔纳：“民事诉讼中案件事实阐明时的当事人义务——兼论证明妨碍理论”，载《德国民事诉讼法学文萃》，赵秀举译，中国政法大学出版社 2005 年版，第 357 页。

理论作用的淡化。

四、具体举证责任概念的提出及发展

阐明义务的学说只是开创了具体证明过程中当事人权利义务的新理论，但并未涉及具体举证责任的概念。虽然罗森贝克的著述中已经出现“具体举证责任”一词，但所指却有重要区别。〔1〕罗氏是在客观证明责任的范畴内，根据要件事实的抽象与具体来区分抽象证明责任和具体举证责任的。这个意义上的具体举证责任概念与后来的概念根本不同。〔2〕

随着例外的增加，迫切需要进行理论的更新，1981 年德国学者汉斯·普维庭发表了《现代证明责任问题》，该文同意将主观证明责任区分为主观抽象证明责任及具体举证责任的观点，但普维庭正是用“具体举证责任”这个概念作为前述各个规制具体诉讼证明行为领域概念的统领。

基于自由心证，双方当事人要为法官的自由心证提供证据，这不再是有证明责任的当事人的单方任务。因为具体举证责任涉及的是双方当事人的具体证明活动，而不仅是负“证明责任”当事人的单方说服责任，即当事人双方都负具体的证明责任。而这种具体责任是会随着诉讼的进程在当事人之间发生转换的，

〔1〕 罗森贝克《证明责任论》中专节论述具体的诉讼对证明责任的影响时提到“抽象的和具体的证明责任”：与法律的抽象要件和各个诉讼程序的具体案件事实的区别相适应，人们可以将其内容和范围以法定要件为准的抽象的确认责任，与其内容和范围由当事人主张的方式来决定的具体的确认责任进行区分。具体的确认责任与抽象的确认责任之间的关系，就如同具体的案件事实与抽象的要件之间的关系一样，是一个具有依赖性和从属性的关系。

〔2〕《证明责任论》第 5 章“一般意义上的具体的证明责任问题”论述的实际上是（抽象）证明责任在具体案件类型中的应用，是针对特定类型要件事实的证明责任分配问题，而不是在诉讼过程中当事人双方之间交替进行证明活动意义上的具体证明责任。

关键在于这种具体的证明责任在什么情况下会发生转换——由一方当事人承担转移至另一方当事人承担。普维庭一方面认为“具体举证责任概念”这个提法容易滋生误解，因为这样一来就与客观证明责任牵扯在一起（在这个体系中用反证概念来代替更恰当）；另一方面又认识到，具体举证责任概念在研究中正日益广泛地被使用，因此要回避它是不明智的。〔1〕同时，非常情势、事实推定、证明责任转换、证明妨碍等问题的实质均是具体举证责任的转换。

虽然普维庭力图维护证明责任理论的正统地位，但其提出的“具体举证责任”概念，对（抽象）证明责任理论在民事诉讼证明领域的主导地位产生了较大的威胁却是他始料未及的。随着司法实践的发展，尤其是现代诉讼的日益复杂性也要求具体举证责任理论不断向前发展。

大陆法系证明责任理论的历史几乎与民事诉讼法学的历史一样长，它从诞生之日起，一直是民事诉讼法学界研讨的核心课题之一。德国著名诉讼法学家罗森贝克指出证明责任制度是“民事诉讼法的脊梁”。〔2〕证明责任一词，在拉丁语中写作“Onus Probandi”，在德语中写作“Beweislast”，英语中写作“Burden of Proof”。究其辞源德语“Beweislast”是一个复合词，其中“Beweis”意指“证明”；“Last”具有“责任”“负担”和“义务”之意。中国古汉语中没有“证明责任”一词，它是德国法上的概念经由日本传入我国的。日本学者通常将德语中的“Beweis”译作“举证责任”“立证责任”。我国学者习惯上往往

〔1〕 参见［德］汉斯·普维庭：《现代证明责任问题》，吴越译，法律出版社2000年版，第11页。

〔2〕［德］莱奥·罗森贝克：《证明责任论——以德国民法典和民事诉讼法典为基础撰写》，庄敬华译，中国法制出版社2002年版，第77页。

沿用日语的"举证责任"来表述"Beweislast"的汉译。

以德国为典型代表的大陆法系诉讼理论一般认为，"Beweis"一词包含双重含义：第一种是指当事人在具体的诉讼过程中为了避免败诉的危险而向法院提供证据的必要性，德语将此意义上的"Beweis"写作"Beweisführungslast"；第二种指在口头辩论结束以后，当事人因要件事实没有得到证明而要承受败诉的法律后果，德语将此意义上的"Beweis"写作"Festellungslast"。日本学者通常将前者称为主观上的证明责任（举证责任、立证责任）、形式上的证明责任（举证责任、立证责任）、立证（举证）的必要性、提供证据责任以及证明履行责任；后者称为客观上的证明责任（举证责任、立证责任）、实质上的证明责任（举证责任、立证责任）、证明的必要性、证明责任以及确定责任。[1]在日本，最初举证责任、证明责任和立证责任三个用语可以互换，以后为了防止使用中产生混乱，似乎有些约定俗成地将客观上的、实质上的举证责任，称为证明责任。[2]

第二节　英美法系证明责任制度的考察

一、英美法系民事证明责任的概念——"双重含义说"

英美法系和大陆法系中的证明责任概念在发展过程中基本相同。英美法系最初证明责任就是指提出证据责任，后来美国证据法学家Thayer在19世纪末通过其文章《证明责任论》提出"证明责任"事实上存在着双重含义，然后又通过其著作《证据的理论研究》对该概念的双重含义进行了全面深入地分析。

---

〔1〕 陈刚：《证明责任法研究》，中国人民大学出版社2000年版，第16页。

〔2〕 张卫平：《诉讼构架与程式民事诉讼的法理分析》，清华大学出版社2000年版，第247页。

第一层含义是指，如果主张的事实被对方所争议，那么他应该负担一种特别的危险。这种危险就是，假设全部的证据都被提出来之后，主张者还是未能证明其主张的事实，那么他将面临败诉的风险。第二层含义[1]是指，无论是在案件的开始，还是处于审理程序中的任一时点，主张者首当其冲应当对争议的待证事实负有证据的提出责任。对此，英美法系对证明责任双重含义的概念至今也是认可的。首先，在诉讼终结的时候主张案件事实的当事人有将陪审员说服的责任；其次，主张事实方有应举示出证据从而让对方产生答辩的责任。该双重含义一般也被叫作法定的证明责任与提供证据的证明责任，两者一起形成了证明责任概念的内涵。但在研究中对证明责任的双重含义的称谓有所区别。总体来说，证明责任概念在普通法系中大致存在如下分类情形：一是在英国等国家区分成提供证据责任和法定责任；二是在美国则区分成说服责任和举证责任。[2]

由于英美法系国家的诉讼机制是实行陪审制，陪审团负责事实问题的裁判，法官负责法律问题的裁判。英美法系双重含义上的证明责任可以概括为提供证据责任和说服责任。英美法系双重含义证明责任概念的兴起，虽然英美法系没有大陆法系的辩论主义作为基础，但陪审制的存在则是其生长的重要制度基础。由于陪审团是由非专业法律人士组成的，当事人就必须在两个阶段上承担证明责任。首先，当事人对法官具有提供证据责任，当事人必须提供足够的证据使法官相信这些证据能够说服陪审团作出对其有利的裁判。在这种情况下，法官可以直

〔1〕 参见张卫平：《诉讼构架与程式》，清华大学出版社 2000 年版。

〔2〕 参见张弢、王小林："论我国证明责任理论与制度之重构——评英美证明责任理论和制度的借鉴价值"，载《现代法学》2005 年第 2 期。

接裁判应当提供证据，承担证明责任的一方当事人败诉，而无须将案件交给陪审团进行事实认定。其次，当法官通过对陪审团心证程度的预测，认为当事人提供的证据有可能被陪审团认可时，这些证据便通过法官提交到了陪审团，此时便有可能产生第二个阶段上的证明责任——说服责任，即当事人提供的证据没有达到说服陪审团的标准，当事人将承担因证据不被陪审团采信而产生的不利裁判后果。

所以，在英美法系，提供证据责任同样可以被当作是说服责任的派生和“投影”。同时，提供证据责任体现了证明责任规则的程序价值，而说服责任体现了其实体价值。有关证明责任的程序价值和实体价值的双重价值内涵，可形象地表现为表征诉讼过程的轨迹与轨迹上的点的关系。〔1〕〔2〕

二、英美证据法上的举证责任分层学说

举证责任分层理论产生于19世纪末期，由美国证据法学家Thayer（柴尔）（1831年~1902年）首次提出。〔3〕后来被Wigmore（威格莫尔）所发展和完善。〔4〕现在，它已经成为在英美证据法学界占主流的举证责任观点。

（一）举证责任概念

在英语中，“举证责任”一词是“Burden of Proof”，有人译

〔1〕 参见张弢、王小林：“论我国证明责任理论与制度之重构——评英美证明责任理论和制度的借鉴价值”，载《现代法学》2005年第2期。

〔2〕 参见蒋陆军：“民事证明责任概念再探究——兼论我国证明责任概念的科学定位”，载《重庆理工大学学报（社会科学）》2016年第11期。

〔3〕 ［美］Thayer（柴尔），美国著名证据法学家，曾任律师、哈佛大学法学院教授。其代表作为《英美普通法上的证据法初论》。

〔4〕 ［美］Wigmore（威格莫尔），Thayer的学生，也是20世纪上半期美国最杰出的证据法学者。其代表作为《司法证据原则》，全名为《逻辑、心理学，一般经验所提供的，在法院审理中所阐明的审判证据原则》。

为举证负担、证明负担或证明责任。在过去相当长的时期里，英美证据法学者和法官对证明责任的定义进行过反复争论，可谓众说纷纭。现在，多数人认为，举证责任、说服责任和提供证据的责任是三个相互独立且相互区别的概念。〔1〕举证责任是指发动诉讼的一方当事人，应当依法提供证据证明其主张，并说服法院接受其证据的证明力，否则就要承担败诉的风险责任。说服责任是指诉讼的一方当事人为使法庭审理事实的人信服其提出的全部事实而承担的证明责任。例如在民事诉讼中，为使法庭审理事实的人信服被告实施了某项侵权行为而承担责任的当事人，是本案的原告。提供证据的责任是指，在正式的诉讼活动中，当事人有义务把他所掌握的全部和案件有关的证据，在审判前阶段加以提出，否则法院认为当事人已放弃利用这项证据的权利，不能在以后的司法审查中再提出该证据。当事人承担提供证据的义务为判例法和成文法所明确承认。在说服责任与提供证据的责任之间，说服责任更具有实质性意义。

（二）“提供证据的责任”与“说服责任”的区别

“提供证据的责任”与“说服责任”是不同的、彼此独立的概念，不仅内涵不同，而且责任的承担人、承担责任的情形、证明程度的标准乃至法律后果都是不同的。

第一，责任的主体不同。在刑事诉讼中，提供证据的责任主要由控诉方（刑事公诉案件中的公诉人或刑事自诉案件中的自诉人）承担。在被告人辩解的情形下，被告人也要承担这种责任。说服责任则完全由控诉方承担，被告人不承担这种责任。

第二，承担责任的情形不同。在责任主体承担“提供证据的责任”的情况下，他必须对自己的请求（主张或辩解）提供

〔1〕［美］乔恩·R. 华尔兹：《刑事证据大全》，何家弘等译，中国人民公安大学出版社 1993 年版，第 312 页。

证据。请求什么，就提供相关的证据。在责任主体承担“说服责任”的情况下，他应当对自己所提供的证据进行解释或阐明，使证据具有说服力。他应当表明证据与待证事实之间有充分的合理的联系。[1]

第三，证明程度的标准不同。在主体承担“提供证据的责任”的情况下，不要求确证，只要求主体提出初步证据或者表面证据即可。但在主体承担“说服责任”的情况下，要求主体确证，要求提供的证据具有无可置疑的证明力。然而，在英美证据理论中，说服责任被区分为不同的标准。具体说来，说服责任有三级标准：首级标准为毋庸置疑，次级标准为确凿可信，末级标准是较为可靠。从理论上讲，较为可靠是指证据的真实性超过50%，其他两个标准的要求当然更高。然而，有一些证据表明，法官和陪审团事实上把较为可靠改为指证据有75%以上的真实性，把毋庸置疑改为指证据有85%以上的真实性。这给确凿可信标准留下的余地很小。

第四，法律后果不同。在主体承担“提供证据的责任”的情况下，要求主体在规定的时限内提供证据，否则他就可能在今后的法庭审理中丧失提供证据的机会，或者他所提供的证据不被法庭采纳。在主体承担“说服责任”的情况下，要求主体竭尽所能以说服法官或陪审团，如不能说服法官或陪审团，将承担败诉的后果。[2]

第五，稳定性不同。在刑事诉讼中，提供证据的责任可以在诉讼利益对立的控诉人与被告人之间移转，但说服责任不可移转。具体说，在刑事诉讼中，证明责任由控诉方承担，这是一项公认的证据法原则。相反，被告人通常是不承担证明责任

---

〔1〕 叶自强：《民事证据研究》，法律出版社2002年版，第139页。

〔2〕 叶自强：《民事证据研究》，法律出版社2002年版，第139页。

的。但是，这并不意味着被告人不承担任何其他方面的责任。例如，在刑事诉讼开始后，面对控诉方的有力指控，被告人可以提出“犯罪阻却事由”。当他主张犯罪阻却事由的时候，他应当提供证明阻却事由成立的证据。在这种情况下，“提出证据的责任”就转移到被告人一方。这一点与民事诉讼是完全相同的。在民事诉讼中，“提供证据的责任”是可以在原告与被告之间相互移转的。但在这里，我必须重申，和整个案件的一般性“证明责任”一样，“说服责任”是确定不移的，只能由发起诉讼的控诉人承担。〔1〕

（三）举证责任与说服责任的区别

第一，在一般民事诉讼中，原告负担着本案的总的举证责任，这是不可转移的。它意味着，原告必须向法院提供证据，证明自己的主张的合理性。只有这样，才能比较彻底地说服法官，才能获取诉讼的胜利。

第二，原告要尽到自己的举证责任，必须采取具体的步骤。假如在诉讼中原告采取了 3 次“提供证据”的行动。在每一次攻击行动中，原告都承担着提供证据的责任和说服责任（即对他所提供的证据加以说明，使法官相信其真实、有力、可信）。在每一次行动中，提供证据的责任是具体的，说服责任也是具体的。原告或许能够完成每一个证据的说服责任，或许无法完成。在诉讼中，总的举证责任取决于每次具体的行动，取决于原告是否能够利用每一次攻击行动成功地完成说服责任。每一次说服责任是不同的，它们在诉讼中对总的举证责任的影响也是不同的。这主要是因为每次所提出的证据对于整个案件的影响程度是不同的。从这一点来看，说服责任与举证责任存在明

〔1〕［日］田口守一：《刑事诉讼法》，刘迪等译，法律出版社 2000 年版，第 226 页。

显的区别。在诉讼中，总的举证责任既取决于每次说服责任的完成质量，但又不能简单地等于每次说服责任的简单相加。这要求法院全面地、综合地衡量审判过程中原告所履行的说服责任的情况。也许，原告履行了一次关键的说服责任，法官就认为他已经成功地完成了举证责任；也许虽然他履行了4次说服责任，但仍没有完成一般性的举证责任。

基于上述差别，英美证据法学者认为，“说服责任”与“提供证据的责任”之间以及这两个词与“举证责任”一词之间不能混用，更不能误用。我国刑事诉讼法学者王以真教授指出，“英美证据法中证明责任的多层学说，总体看来是科学的。它基本反映了审判实践中各方当事人在不同情形下承担的证明责任，不仅有利于证明责任的理论研究，而且有利于指导诉讼实践。”〔1〕这种评价是比较恰当的。

第三节 域外证明责任制度之对比

一、大陆法系与英美法系证明责任制度体系不同

从逻辑起点而言，“德国的证明责任体系是以客观证明责任为基础舒展开来的，而客观证明责任的逻辑起点就是真伪不明问题。”〔2〕而美国的证明责任体系发端于法官避免证据材料的不适当会误导陪审团。美国证据法问题几乎都与陪审团制度有关，如提出证据责任与即决判决（Summary Judgment）动议与指示判决（Directed Verdict）动议等息息相关，说服责任与证明标准、

---

〔1〕 王以真：“英美刑事证据法中的证明责任问题”，载《中国法学》1991年第4期。

〔2〕 刘哲玮：“论美国法上的证明责任——以诉讼程序为视角”，载《当代法学》2010年第3期。

败诉后果的负担相辅相成。从证明责任的适用对象而言，德国证明责任双重学说明确区分主观证明责任和客观证明责任。前者是对当事人举证行为的规制规则，而后者是对法院认定事实的适用规则。德国的证明责任是一种当事人和法官的二元构造，即当事人提出证据证明自己的主张与法官根据案件情况主动调查证据来认定案件事实的一种互动。而美国的证明责任本质上是当事人的一种负担，当事人对证据有提出与说服的责任。“从对证明责任违反的结果而言，德国将证明责任的结果分为证实、证伪和证伪不明的状态。美国的证明责任结果仅存在说服和未说服两种情况只要未超过要求的证明标准，即出现未说服的状态。”〔1〕虽然，在德国的标准体系中，高度盖然性原则始终占有重要的地位，但是，德国的证据法并不太重视证明标准的研究。“美国则表现出证明标准的多重化，事实裁判者会界定证据所证明的事实状态的层级，很少去考虑事实是否处于真伪不明。从证明责任的性质而言，大陆法系的客观证明责任是直接被实体法明确规定的，判案法官无权变更；而在美国，法官有权考虑公平、政策和盖然性等因素，自行决定说服责任的分配。综上所述，大陆法系与英美法系的证明责任的体系虽有相似的外形，却存在显著的差别。客观责任与说服责任的后果，即是一方当事人达到证明标准的要求；证据提出责任与主观证明责任都强调了当事人的举证义务。”〔2〕

〔1〕 李美燕：“论证明责任的阶段性”，载《北京航空航天大学学报（社会科学版）》2013 年第 4 期。

〔2〕 李美燕：“论证明责任的阶段性”，载《北京航空航天大学学报（社会科学版）》2013 年第 4 期。

二、大陆法系的客观责任与英美法系的说服责任存在实质区别

“以诉讼权能作为划分标准，诉讼证明的责任包括收集责任、调查责任及判断责任在大陆法系的辩论主义诉讼中，当事人承担收集责任，法院则承担调查责任[1]和判断责任。英美法系实行彻底的当事人主义，收集责任和调查责任均由当事人承担，作为中立裁判者的法官仅承担判断责任。大陆法系的法官之所以负有证据调查责任，其基本原因在于“适用法律”的审判模式。由于适用法律的前提是事实清楚，故而法官负有查清事实的义务，当事人的诉讼行为相当程度上仅具有辅助性。如果当事人因未尽证明责任而败诉，从某种意义上说，正是法官而非当事人未能尽到构建事实的责任，这就是为何客观责任的本质是真伪不明时法官的裁判方法论的基本缘由，当事人的败诉后果仅是法官适用法律的结果，而与当事人的诉讼行为没有必然的联系。

“与之相对，英美法系实行对审制（adversary system），诉讼证明由双方当事人对抗性地进行，澄清事实的责任由当事人承担，事实审理者的任务仅是‘听审’（hear）之后根据法律规则作出判断。因此，英美的说服责任与当事人的行为有着直接

---

〔1〕“证据调查”有两个含义，其一是要求持有证据或掌握纷争有关信息的人交出证据或开示信息，这一层面的含义与“证据收集”的差别仅在于“证据调查”的主体为法院，而“证据收集”的主体为当事人。“证据调查”的另一含义是指法院以发现证据方法的内容为目的的诉讼行为，这一含义大致相当于我国的“法庭调查”。在大陆法系，第二个含义的证据调查属于法院的职责，当事人只有证据调查的申请权。有必要提及的是，大陆法系的辩论主义仅指涉事实主张和证据的“提出”，故而又被称为“提出原则”，至于提出之后如何进行（法庭）调查则不属于其调整范围。参见［德］罗森贝克、施瓦布、戈特瓦尔德：《德国民事诉讼法》，李大雪译，中国法制出版社 2007 年版，第 524~528 页。

的联系，当事人不举证或者举证不力，其便应当承担败诉后果，从而英美的说服责任是一种完全的或曰一元化的当事人责任，这与大陆法系的客观责任是法官—当事人二元化的责任体系并且法官的责任居首大异其趣。”〔1〕

综上所述，英美法系的证明责任，与大陆法系的证明责任有某些相通和类似之处。提供证据责任类似于大陆法系证据法学中的主观证明责任，说服责任类似于大陆法系证据法学中的客观证明责任。但从本质上来说，大陆法系与英美法系证明责任制度体系、大陆法系的客观责任与英美法系的说服责任是不同的，而我国法律的体系和框架形式系属于大陆法系，在法律制度和法学理论方面对其具有更多的继承性。因此，大陆法系国家的证明责任制度及理论可以给我们提供域外法的参考。

〔1〕 周成泓：“证明责任：徘徊在行为责任与结果责任之间——以民事诉讼为视角”，载《河南财经政法大学学报》2015 年第 1 期。

证明责任分配的基本理论

第一节　证明责任分配概述

一、证明责任分配规则的含义

证明责任的分配规则是指按照一定的标准，将事实真伪不明的风险在双方当事人之间进行分配，由原告、被告各自承担相应的事实真伪不明的风险的责任。证明责任的分配，是民事证据制度的核心问题，也是民事诉讼理论中最具争议的问题之一。

民事诉讼之所以要对证明责任进行分配，是基于人民法院行使审判权的需要，因为有争议的要件事实经过证明活动后会呈现三种情况：其一是该事实已被证明为真实；其二是该事实被证明为虚假；其三是该事实处于真伪不明的状态。无论该事实被证明为真实，还是该事实被证明为虚假，法院都可以作出裁判。只有当作为裁判基础的法律要件事实处于真伪不明状态时，法院才需要根据证明责任的分配作出裁判。因此，证明责任与要件事实处于真伪不明状态有紧密联系，当事人负担证明责任，实际上就是负担这一诉讼上的风险。

二、分配证明责任的必要性分析

从理论上说，在绝大多数情况下，原告是在诉讼中主张权利或法律关系存在的一方当事人。因此，他不但应当证明权利产生的事实，而且应当进一步证明不存在妨碍权利发生的事实以及变更、消灭权利的事实，因为只有在这一切事实都得到证明后，人民法院才能确信原告主张的权利或法律关系的确存在。例如，当原告根据买卖合同请求被告交付标的物时，原告不仅需要证明订立合同的事实，而且需要证明订立合同时他和被告都具有相应的民事行为能力，不存在欺诈、胁迫等导致合同无效的行为，合同订立后未经修改又未解除，合同之债并未因履行等原因而消灭。但是，民事诉讼之所以要从理论上、立法上及实践上对证明责任在原被告之间进行分配，而不是完全由原告承担，是有其必要性的，包括以下几个方面：

（一）是由国家设立民事诉讼制度的目的决定的

罗森贝克在分析分配证明责任必要性时曾指出："整个国民经济是建立在私法能够安全实施的基础之上的，公众有一个迫切的利益，即权利人不仅仅能够请求国家的法律保护，而且还能够在比较容易的情况下确实得到保护。所以，'适当的、明智的证明责任分配属于法律制度最为必要的或最值得追求的内容'"。〔1〕

可见，国家设立民事诉讼制度的目的，是为了通过法院对民事权利义务纠纷的审理与裁判，一方面保护当事人合法的民事权益，另一方面制裁民事违法行为。民事权益受到侵害或发生争执而诉诸法院寻求司法保护的通常是原告，原告追求的直

〔1〕［德］罗森贝克：《证明责任论》，庄敬华译，中国法制出版社2002年版，第97页。单引号中的文字是德国著名学者瓦赫对证明责任的评价。

接目标是胜诉。但是，诉讼存在着各种风险，证明责任就是诉讼中的一种风险。如果案件中的全部事实的证明责任都由原告承担，就意味着诉讼中的全部风险由原告负担，这会导致原告在诉讼中处于非常不利的地位，其民事权益很难得到保护，这显然不符合国家设立民事诉讼制度的目的。因此，证明责任的分配就是要公平地在双方当事人之间分配这种风险，从而使双方当事人的合法权益均能受到保护。

（二）符合公正与效率的诉讼价值的要求

国家设立民事诉讼制度的理想状态是公正与效率，即法院作出的裁判应当是公正的，而且整个民事诉讼的过程是高效率的，也就是通过尽可能低的成本获得公正的裁判。而证明责任的分配制度能够兼顾公正与效率。因为通过证明责任的分配，将待证事实在当事人之间进行合理分配，原告、被告各自对其承担的待证事实负证明责任，而且只要未能履行证明责任就应当承担败诉的风险。在这种机制下就能够充分调动双方当事人的积极性，最大可能地提高了诉讼的效率，从而也保证了法院判决的公正性。

（三）是基于我国《民事诉讼法》规定的“民事诉讼当事人有平等的诉讼权利”的原则

平等原则是我国《民事诉讼法》规定的重要原则，不但贯穿在《民事诉讼法》始终，而且民事诉讼中的所有制度均应符合平等原则。证明责任的分配制度既是受平等原则的指导，同时它也体现了平等原则。因为，首先证明责任的分配就是将待证的要件事实按照一定的规则在当事人之间公平合理地进行分配；其次，双方当事人承担的证明责任后果是相同的，即只要承担了证明责任就负担了败诉的风险；再次，双方当事人在履行证明责任的过程中行使的诉讼权利是平等的。因此，证明责任的分配是基于平等原则规定的。

三、证明责任分配的立法例

虽然各个国家或地区在民事诉讼中都将证明责任在当事人之间作合理分配，但立法例却不尽相同。总的说来，大致有两种情形：

（一）没有法律规定的统一的证明责任的分配标准

只能针对案件事实的具体情况个别地作出判断，在诉讼中，让法官根据实体法的有关规定以及法学家们提出的分配证明责任的学说，来决定如何分配证明责任。采用这种立法例的国家有德国、日本、瑞士等国。

这些国家在法律中对如何分配证明责任不设原则性规定，是由于立法者认为民事案件千差万别，分配证明责任的情况错综复杂，难以制定出能够适用于各类案件的令人满意的具体规则。与其制定一条需要参照实体法的规定和分配证明责任的学说才能具体适用的原则规定，不如把这一问题留给学说和判例来解决。

（二）法律规定统一的证明责任的分配标准

这种观点认为尽管证明责任分配问题异常复杂，但仍然有规律可循，通过研究，找出证明责任分配的统一标准，不仅是必要的，而且是可能的，进而在法律中对如何分配证明责任作出原则性规定。

但是，这些国家虽然在法律中对如何分配证明责任作出规定，但都规定得极为笼统，如果不根据实体法的有关规定和参照有关学说，也很难把它适用于具体案件。例如，《俄罗斯联邦民事诉讼法典》第 50 条规定：“每一方当事人都应当证明他用以论证自己请求和反驳的情况。”《匈牙利民事诉讼法》第 164

条规定："判决案件所需要的事实通常应由法院认为是真实而得益的一方来证实。"在美国，关于如何分配证明责任的规则被规定在证据法中。《加利福尼亚证据法典》第 500 条规定："事实的证明责任，一般由为了论证自己的理由需要对事实加以澄清的一方承担。"法国对此问题的处理别具一格，一方面在《法国民事诉讼法典》第 9 条中规定："应当由每一当事人对其诉讼请求之胜局所必要的事实依法证明之"，另一方面在《法国民法典》第 1315 条中规定："凡请求履行债务者，应证明该债务的存在。与此相对应，凡主张债务已消灭者，应证明已清偿或使债务消灭的事实。"这一规定尽管是针对债务案件作出的，但在诉讼实践中被视为分配证明责任的一般规则。

（三）我国证明责任分配的立法例

我国也采用后一种立法例，我国《民事诉讼法》第 64 条第 1 款规定："当事人对自己提出的主张，有责任提供证据。"《证据规定》第 2 条规定："当事人对自己提出的诉讼请求所依据的事实或者反驳对方诉讼请求所依据的事实有责任提供证据加以证明。没有证据或者证据不足以证明当事人的事实主张的，由负举证责任的当事人承担不利后果。"

我国台湾地区"民事诉讼法"第 277 条对举证责任分配原则的规定为："当事人主张有利于己之事实者，就其事实有举证之责任。但法律另有规定，或依其情形显失公平者，不在此限。"我国澳门地区的《民法典》第 335 条关于举证责任的规定是："（1）创设权利之事实，由主张权利之人负责证明；（2）就他人所主张的权利存在妨碍、变更或消灭之事实，由主张权利所针对之人负责证明；（3）如有疑问，有关事实应视为创设权利之事实。"

综上所述，不论有无统一的证明责任的分配标准，在对具体案件的证明责任进行分配时，仍需根据实体法的有关规定和参照有关学说，在这一点上，各个国家或地区的立法例都是相似的。

第二节 证明责任分配的学说

一、罗马法时期证明责任分配的学说

现代意义上的证明责任分配规则的源流可以上溯至罗马法时代。当时，关于证明责任分配有两个原则可供遵循，其一为"原告应负举证义务"，其二为"举证义务存于主张之人，不存于否认之人"。罗马法的这两项原则，在历经了中世纪寺院法的演变之后，确立了原告就其诉讼原因的事实为举证、被告就其抗辩的要件事实为举证的一般原则，该原则仅在遇有法律上的推定和主张消极事实两种情形下才为例外。19 世纪的德国学者一直在该项原则的基础上著书立传，传播证据文化，直到后来由于例外情形一再增加，使其在实务上丧失了原有的应用功能为止。

罗马法初期的这两条原则为后来关于证明责任分配问题的研究奠定了基础。罗马法注释时期、德国普通法时期的学者们有的以第一条原则为主线，有的以第二条原则为主线，继续对此问题进行研究。在这里特别值得一提的是罗马法注释家布尔加诺斯（Bulgarus）的观点。他认为："各当事人应证明各自主张之原因，原告应证明请求及再抗辩之原因，被告应证明抗辩及复再抗辩之原因。"〔1〕将证明责任的分配与原、被告在诉讼中

〔1〕 骆永家：《民事举证责任论》，台湾"商务印书馆"股份有限公司 1972 年版，第 70 页。

分别应当主张哪些事实联系起来研究，其方向无疑是非常正确的。

二、大陆法系证明责任分配的学说

罗马法早期证明责任分配的两个原则，经过罗马法注释时期、德国普通法时期，逐步演变成为大陆法系现代民事诉讼理论中的两大学说，即法律要件分类说和待证事实分类说。

（一）法律要件分类说

所谓法律要件分类说，是指就个别具体的法律构成要件的事实，按法律构成要件的性质及内容，依不同价值标准进行分类，凡归属于某一类法律构成要件的事实，当事人就该事实应负证明责任，该研究方法被称为法律要件分类说。德国和日本均采用此分类。

根据法律要件分类说的基本原理，民法规范的本身已经具备了证明责任的分配原则，这是立法者预先设置的结果。因此，法律规范相互之间，或者存在补充关系，或者存在相斥关系，两者必居其一。于是，从法律规范的这种关系中便可求得证明责任的分配原理，民法规范分为对立的两类。一类为基本规范，也称请求权规范，系指那些发生一定权利的法律规范。这类规范体现了民事实体法系民事权益保护法的技术功能，是当事人在诉讼范围内请求司法保护与公力救济的指南与标识。另一类为对立规范，即相对于基本规范而独立存在的规范，这些规范分为三种情况：其一为权利妨害规范，系指那些在权利发生之始，将权利的效果视为妨害，致使权利不得发生的规范；其二为权利消灭规范，系指那些在权利发生之后，能使既存的权利予以消灭的法律规范；其三为权利制约规范，系指那些在权利发生之后，权利人欲行使其权利时，能对权利的效果予以遏制或消除，从而达到使权利不能实现的法律规范。有关民事主体据此类对立规范而享有诉讼上的抗辩权，是对相对一方当事人行使请求权在一个法律效果上的制衡。

为此，根据特定实体法律要件而得出的证明责任分配规则时凡主张权利存在的当事人，应就权利发生法律要件存在的事实予以举证证明；凡否定权利存在的当事人，应就权利妨碍法律要件，或者权利消灭法律要件，或者权利制约法律要件存在的事实负有证明责任。

以上诸种分类，因权利发生与消灭的时间先后事实十分明显，对权利发生规范与权利消灭规范以及权利发生规范与权利制约规范的界限，较容易加以分辨，惟有权利发生规范与权利妨碍规范的界限较难区分。因此，必须以法条规定的形式加以区分，这是因为立法者已预先将权利发生的情形借用通常规范予以设定，而将权利妨碍的情形以例外规范的形式加以规定，因此，法律条文中，凡以“但书”形式予以规定的，均为例外规范，亦即权利妨碍规范。

（二）待证事实分类说

所谓待证事实分类说又称作要证事实分类说，其划分标准是证明责任的客体本身的性质与内容。本学说能够进一步细分为消极事实说、继续事实说与内界事实说等，但尤以消极事实说与内界事实说为典型。〔1〕

消极事实说，是把证明责任的客体按其性质区别为积极事实与消极事实。那么哪些事实属于积极事实呢？哪些事实又属于消极事实呢？我们认为所谓的积极事实，指的是那些肯定的和已发生了的事实；所谓消极事实，指的是那些否定的和不能

〔1〕 陈荣宗：《举证责任分配与民事程序法》（第二册），台湾三民书局 1984 年版，第 8 页。

够发生的事实。[1]如，双方当事人之间存在债权债务关系，则债权关系存在属于积极事实的范围，而债权关系不存在则属于消极事实的范围。那么该说的证明责任分配规则是怎样的呢?简单说来，就是主张积极事实的当事人负证明责任，主张消极事实的当事人不负证明责任。[2]因为作为肯定的、已经发生了的事实是可以被证明的，而作为否定的、未能发生的事实是不易或不可以被证明的。

内界事实说，是按照证明责任的客体能否被人的感官所感知，把证明责任的客体区别为外界事实与内界事实。所谓外界事实，指的是能够被人的感官所感知的事实，例如合同的订立、收养的成立、人的生老病死等；所谓内界事实，指的是不可以被人的感官所感知的，表现人的内心活动的事实，例如知道与不知道、真实与虚伪等。[3]那么该说的证明责任分配规则是怎样的呢？简单说来，就是主张外界事实的当事人负证明责任，主张内界事实的当事人不负证明责任。[4]因为能够被当事人的感观直接感知的是外界事实，而内界事实则多体现为当事人的内心状态，两者相比较而言，外界事实比内界事实更容易被证明。

（三）特别要件说

该学说为日本、我国台湾地区的一些学者所主张，并认为该说已取得通说地位。该学说将实体法中的法律要件分为特别要件与一般要件，并以此作为分配证明责任的标准。特别要件，是对一定权利或法律关系的产生和消灭特有的、直接的重要条

---

〔1〕 宋朝武主编：《民事诉讼法学》，厦门大学出版社 2007 年版，第 258 页。

〔2〕 参见张江莉：“不当得利中‘无法律上原因’之证明”，载《政法论坛》2010 年第 2 期。

〔3〕 毕玉谦：《民事证明责任研究》，法律出版社 2007 年版，第 50 页。

〔4〕 参见周红、郑栋鹏：“浅析商标侵权案件中的举证责任”，载《潍坊学院学报》2014 年第 4 期。

件；一般要件则是非特有的、非直接的要件。该学说认为，凡主张权利或其他法律上效果存在者，应就其发生的特别要件事实负证明责任；而一般要件的欠缺，则由对方负证明责任；凡主张已发生的权利或其他法律上的效果变更或消灭者，应就其变更或者消灭的特别要件事实负证明责任，一般要件的欠缺同样由对方负证明责任。

同一时期，大陆法系还有一些学说具有一定的影响：①通常发生事实说。该说将法律要件事实分为通常事实与例外事实。认为主张权利存在之人应就通常可使该权利发生的事实负证明责任，例外事实的存在由对方当事人负证明责任。②最低限度事实说。该说将事实分为权利发生规定的要件事实、权利障碍规定的要件事实和权利消灭规定的要件事实。认为凡主张权利发生者，或者主张对方的权利有障碍或主张对方的权利已经消灭者，应就权利发生、障碍或消灭的最低限度事实负证明责任。至于对缺乏相应的民事行为能力、意思表示不真实等权利障碍事实，则不负证明责任。③因果关系说。该说将引起权利发生所必需的多数法律要件进行比较，把其中最有力或相对来说最有力的条件作为原因，其他条件称为单纯条件。认为凡主张权利存在之人，应对权利发生的原因事实负证明责任，单纯条件欠缺的事实由对方当事人负证明责任。[1]

由于这三种学说中的通常发生事实、最低限度事实及原因事实相当于是通说中的权利发生规范、权利消灭规范和权利受制规范所规定的事实，例外事实、最低限度事实和单纯条件事实相当于妨碍权利发生事实、消灭规范所规定的事实，所以它们与通说并无实质区别。

---

〔1〕 王甲乙等:《民事诉讼法新论》，台湾三民书局 1986 年版，第 374~375 页。

三、大陆法系证明责任分配研究的新学说

进入20世纪60年代后，大陆法系中的德、日等国的经济从战后恢复时期进入了高速发展时期，与现代化伴生的一系列社会问题也随之而来，如产品责任、交通事故，尤其是环境污染问题等，在这些新的问题面前，传统的证明责任分配原则存在的问题日益突出，使受害者、弱者的合法权益难以得到保护。为此，学术界开始对居支配地位50余年的通说进行反思，进而产生了证明责任分配的一些新的学说。

（一）危险领域说

该学说依据待证事实属哪一方当事人控制的危险领域为标准，来决定证明责任的分配，即当事人应当对其所能控制的危险领域中的事实负证明责任。其创始人为德国学者普霍斯。所谓危险领域，是指当事人在法律上和事实上能够支配的生活领域范围。[1]这种范围可以划分为两种情形：一种是指空间上直接对物进行支配；另一种是指对被害人的关系来说其能够对事件进行转变的支配。[2]普霍斯从三个方面论证这一学说的合理性：首先，受害方举证困难；其次，加害方与有关证据的距离近；最后，法律法规预防损害的发生。[3]他还认为，依据危险领域说分配证明责任的办法，不仅适用于侵权诉讼，还适用于契约诉讼及其他诉讼。但我们应看到，该学说与规范说相比较至少在损害赔偿诉讼中使证明责任分配标准更能体现公平与正义。

（二）盖然性说

该学说主张以待证事实发生的盖然性的多少，作为分配证

---

〔1〕 毕玉谦：《民事证明责任研究》，法律出版社2007年版，第330页。

〔2〕 叶自强：《民事证据研究》，中国科学社会出版社2007年版，第128页。

〔3〕 陈刚：《证明责任法研究》，中国人民大学出版社2000年版，第193页。

明责任的依据。具体来说，当要件事实处于真伪不明状态时，如根据人们的生活经验或有相应的统计资料，该事实发生的盖然性高，主张该事实发生的一方当事人不负证明责任，由对方当事人对该事实未发生负证明责任。盖然性说又可分为具体盖然性说与抽象盖然性说。抽象盖然性说的创始人莱纳克，其主张证明责任分配应以“主张经过为盖然性低的一方当事人承担证明责任”为依据。[1]具体来说，他认为法官应首先查明法律规范中是否有相关证明责任规范以及法律上的推定的规定，若法律规范中有相关规定，则适用法律规范中的相关规定裁判案件。其次，若法律规范中没有相关规定，则适用《德国民法典》第一次草案第193条相关规定裁判案件。[2]最后，即使法律规范中有相关证明责任的规定，但法官有实质上的合理理由，也可以选择修正法律规范中相关证明责任的分配以确保更好的裁判案件。[3]综上可见，该学说的理由是依盖然性高低分配证明责任可以使法院在事实真伪不明状态下作出的裁判更接近案件事实的真实情况，也有利于实现法律的公平与正义。

（三）损害归属说

该学说主张通过对实体法各条文进行对比、分析，归纳出实体法对某问题的损害归责原则，然后由依实体法应承担责任的一方负证明责任，即以实体法确定的责任归属或损害归属原则作为分配证明责任的标准。其为德国学者瓦亨多夫于1976年提出。他认为，公平正义原则可以具体化为实体法中业已存在

---

〔1〕 陈刚：《证明责任法研究》，中国人民大学出版社2000年版，第197页。

〔2〕《德国民法典》第一次草案第193条：“主张请求权的人应当对其理由所必要的事实进行证明。主张请求权的消灭或请求权的效果不发生的人，应当对消灭或效果不发生的理由所必要的事实进行证明。”

〔3〕 陈刚：《证明责任法研究》，中国人民大学出版社2000年版，第197页。

的几种具体原则，如盖然性原则、保护原则、担保原则等。[1]他认为多重原则能对证明责任进行公正分配，从而更好地解决诉讼纠纷。这些具体原则中，他通过分析得出了盖然性原则与保护原则是最关键的原则，且其认为在具体案件中适用什么原则应视情况而定。[2]瓦亨多夫的证明责任分配理论是从损害赔偿角度出发，构建证明责任分配标准的新体系，从某一方面来说，他的理论也属于盖然性说的一种。[3][4]

（四）利益衡量说

利益衡量说是日本学者借鉴英美法系相关学说而针对规范说和法律要件分类说提出的颠覆性学说。该说完全否定以实体法条文的表现形式作为分配标准，并且认为根本无法从实体法的性质上对权利根据规定和权利障碍规定作出区分。该说的代表性人物之一石田穰指出，证明责任之分配首先应当依据立法者明确的立法意图，但在多数情况下该意图并不明确（比如法律并无明文规定），此时应当在明确相关实体法旨趣的基础上，通过类推解释或反对解释等法技术加以补充，如果法律漏洞无法弥补，则应根据某些实质性利益，比如当事人与证据的距离远近（接近证据的一方应负担证明责任）、举证的难易程度（举证较为容易的一方应负担证明责任）、事实的盖然性（对盖然性较低的事实加以主张的一方当事人应负担证明责任）来进行分配。如果通过上述方法得出的具体分配结果违反了诚实信用原则

---

〔1〕毕玉谦：《民事证明责任研究》，法律出版社 2007 年版，第 94 页。

〔2〕陈荣宗：《举证责任分配与民事程序法》，台湾三民书局 1984 年版，第 59 页。

〔3〕陈刚：《证明责任法研究》，中国人民大学出版社 2000 年版，第 194 页。

〔4〕参见张佳："论不当得利返还诉讼的证明责任分配——以郑阳春与容声分公司、容声公司纠纷案为例"，西南政法大学 2016 年硕士学位论文。

或者实体法立法旨趣，则应变更之。[1]另一代表性人物新堂幸司则主张从当事人公平的角度（举证之难易程度、与证据的距离远近、盖然性）和实体法立法旨趣（实体法之解释或立法政策，比如立法是否希望能够更为容易地认定某一法律效果之发生）出发来分配证明责任。[2]该学说对于证明责任分配理论具有颠覆性。

（五）修正的法律要件分类说

该说承认规范说和法律要件分类说的前三个命题，但反对从实体法条文的形式结构来对三种不同法律效果（权利之发生、妨碍、消灭）的规定进行划分，主张应以实体法旨趣或实体法所蕴含的价值判断为主要标准。在进行实体法解释的时候，该学说代表性人物之一松本博之教授主张，应重视本质的、内在性原理和立法考量（比如交易安全和便捷、强化危险责任、某些例外情形等），而否定把与证据距离之远近、举证之难易以及事实之盖然性作为分配的一般标准。[3]该学说的另一代表性人物高桥宏志教授则主张应以实体法旨趣为根本，但亦应顾及当事人之间的公平以及举证困难等多种因素。很明显，修正的法律要件分类说在维持规范说和法律要件分类说对于实体法规范“三分法”的基础上，吸收了利益衡量说重视实体法解释以及当事人在诉讼中的某些实质性利益的观点，强化并细化了法律要件分类说在这方面的认识，但却抽去了条文结构这一法律要件分类说的基石，代之以实体法旨趣。

---

〔1〕［日］石田穰：《民法与民事诉讼法的交错》，东京大学出版会 1979 年版，第 9 页、第 45 页。

〔2〕［日］新堂幸司：《民事诉讼法》，弘文堂 1990 年版，第 351 页。

〔3〕［日］笠井正俊：“证明责任的分配”，载青山善充、伊藤真编：《民事诉讼法的争点》，有斐阁 1998 年版，第 207 页。

四、英美法系证明责任分配的理论

（一）关于证明责任的分配各种学说

总体上来看，对于英美法系国家来说，罗马法中证明责任的分配学说同样有着深远的影响。

在美国，摩根认为，负有证明责任的应该是这样的当事人：他引用某一事实的存在，或他关心该事实的存在，或他拥有特殊的情报手段，或他应当引用该事实。[1]赛耶曾经认为肯定争点存在的当事人对此承担证明责任。但是严格说来，美国目前尚不存在统一的证明责任分配标准，因而不得不同时考虑若干要素综合决定。美国证明责任的分配其实是说服责任的分配。说服责任往往与审理开始时的证据提出责任同为一方当事人承担，这便是美国的通说。因此，赛耶也认可其证明责任的分配方法最终为解释实体法。但持不同观点的学者认为，因为绝大多数命题皆可以表达为肯定与否定两种形式，譬如违反合同的否定性表达就是债务不履行。当否定性事实构成原告诉讼原因[2]的一部分时，原告不负担证明责任的情形较多。

此外，还有一种观点认为当事人应当就自己主张所必要的事实承担证明责任。但是哪些事实对于当事人来说是必要的又没有一个明确的含义，所以，这种观点也很难获得多数人的认可。

在英国，至今在司法实践中仍把“提出主张的人有证明义务，否定之人没有证明义务”作为分配证明责任的一般标准。对此，菲普森认为：“之所以在一般情况下适用这条规则，除了

〔1〕［苏］朴钦斯基：《美国民事诉讼法》，江伟、刘家辉译，法律出版社 1983 年版，第 99 页。

〔2〕诉讼原因原本是《菲尔德法典》中用来描述诉讼标的的。其含义大致相当于大陆法系的请求原因事实。何谓请求原因事实，参见任文松：“要件事实与主张责任”，载《学海》2006 年第 5 期。

英美法学者认为，根据事物的一般规律，证据事物的不存在要比证明其存在的难度大得多，因此在确定当事人的主张为否定还是肯定时，不能只看其语法的表述方式，因语法形式是可以任意变更的，而应当根据问题的实质来确定。而且，还应区别是否定的主张，还是对肯定主张的否定。在此基础上，无论他是肯定的主张，还是否定的主张，只要它是当事人案件事实的一部分，主张之人应负证明责任。”[1]此外，英美法系国家的学者和法官也充分注意到证明责任与民事实体法之间的关系。学者克罗斯和威尔金斯认为，证明责任的发生，即由哪一方当事人负担证明责任问题，取决于实体法。他们还认为，当法律条文中有例外、但书、免责限制的规定时，这些事实的证明责任通常由被告承担。

（二）目前英美法系证明责任的通说

截至目前，美国仍没有一般性的证明责任分配标准，主要须综合考虑若干要素后再行决定。综合各个学者的观点，分配证明责任时需要考虑的要素包括：政策、公平、证据所持或距离证据远近、盖然性、经验规则、便宜性、是否是请求变更现状的当事人，共有七个要素。

但在上述七个要素中，对于证明责任的分配，哪些要素更为重要，学者之间观点不同。如拉尔特认为，在分配证明责任的时候，应当考虑政策、盖然性及证据所持三个要素。马克考密克则认为分配证明的时候应当考虑如下五个要素：请求变更现状的当事人自然应当负担证明责任、特殊政策上的考虑、便宜性、公平、裁判中盖然性的预测。

杰姆斯认为证明责任与诉答说明责任一样，必须考虑公平、

---

〔1〕 霍奇·M. 马利克主编：《菲普森证据论》，商务印书馆 1979 年版，第 36～37 页。

便宜及政策等因素。魏格莫认为并不存在可以解决一切案件的一般性分配基准，也不可能存在这样的标准，所以都必须针对不同的情况具体衡平政策与公平等要素。摩根认为不论是分配证据提出责任还是说服责任都必须考虑以经验为基础的公平与政策。〔1〕

综上诸学说来看，在前述的七个要素中，政策、公平（包含距离证据远近）与盖然性（经验规则）三大要素大体上是共通的。总而言之，美国并不存在一条分配证明责任的普适性标准，而是采用的所谓的“利益衡量论”。但根据利益衡量论分配证明责任，并不意味着完全不考虑法律条文的规定语言。还有一点值得注意的是，各个证明责任分配要素之间并无先后主次优劣之别。这一点与部分日本学者所主张的各要素之间存在等级关系迥然不同。〔2〕

五、对证明责任分配学说的评价

（一）对大陆法系证明责任分配学说的评价

笔者认为，待证事实分类说的作用在于指出了消极事实、内界事实不易证明，因此，为公平起见，在一定的条件下有必要通过推定等方式免除或减轻主张消极事实、内界事实的当事人的证明责任。但是，完全以此作为分配证明责任的标准则是不妥当的。这是因为：第一，消极事实、内界事实并非都不能举证。例如，某当事人主张的2016年5月10日他不在天津这一消极事实，可以用5月10日这一天他在南京的证据证明。故意、过失、善意、恶意这些内界事实则可以通过当事人的行为

---

〔1〕［日］小林秀之：《美国民事诉讼法》，弘文堂1985年版，第261页。

〔2〕［日］石田穰：《民法与民事诉讼法的交错》，东京大学出版社1979年版，第145页。

来证明。例如，通过被告以显然低于市价的价格购买某物品的事实，可以证明被告为恶意取得，通过被告不履行合同的事实，可以证明被告有过失；第二，消极事实与积极事实之间的界限不易区分，当事人可以通过变换陈述方式的办法轻而易举地将积极事实变为消极事实，从而规避本来应当由他负担的证明责任；第三，与实体法的规定相抵触，无论是我国还是外国的民法中，都有一些规定当事人必须就消极事实负证明责任的例子。德国和法国的民法都规定，在不履行契约时，债务人必须证明自己无过错才能免责。

与其他各种学说相比，法律要件分类说较为合理。根据该学说，原告、被告负担的证明责任大致平衡，诉讼也较为简捷。这正是它能在德、日两国的诉讼理论与审判实践中长期处于支配地位的原因。

德、日两国一些学者对通说的全盘否定虽不无偏激，但在他们提出的新学说中确实也含有一些极有见地的观点。如证明责任的分配归根到底应当遵循公平、正义这一法律最高准则，应当使证明责任的分配与实体法的立法旨意相一致，同实体法中的损害归属相一致等。

罗森贝克的学说之所以受到司法实务的青睐，是由于它以一个统一的标准去处理纷繁复杂的证明责任分配问题，使看似混乱的证明责任分配变得井然有序，使诉讼证明的可预见性和法律适用的安定性得以实现。分配证明责任的新学说虽然指出了罗森贝克学说存在的问题，并启迪了分配证明责任的新思维，但它们本身也存在这样或那样的缺陷。分配标准的多元化是新学说的致命弱点。多元化虽然有助于在个案中实现实质的公正，但多元化也意味着缺乏统一的分配标准，要由法官根据具体情形来决定适用何种分配标准，而这样做又难免会使证明责任的分配失去安定性和可预见性。

（二）对英美法系证明责任分配学说的评价

相比较而言，英美法系中分配证明责任的学说远不如大陆法系那样完整、系统，但其中也不乏一些有价值的观点。如证明责任应当由拥有特殊情报手段的人负担，证明责任的分配应取决于公正、便利及政策性的考虑等。

综上所述，从总体上说，西方国家，特别是以理性思维著称于世的德国，对证明责任分配的研究相当深入。在相继提出的各种分配证明责任的学说中，或多或少都包含了一些合理的因素。

此外，证明责任分配问题学说众多，说明了证明责任分配问题极为复杂，很难用一两条原则一劳永逸地解决所有案件证明责任的分配。正确的方法应当是建立多元的分配证明责任的理论体系，即以一两条标准为主导，以其他标准为补充，这样才能适应复杂多变的案件情况。

第三节 证明责任的分配依据

一、证明责任分配依据的实质性要求

证明责任的分配在整个民事诉讼中是一个非常重要和关键的问题，进而对案件的审理结果产生实质性的影响，因此，在分配证明责任时应考虑下列实质性因素：

（一）公平与正义

证明责任的分配与当事人的实体权益有着非常密切的联系，在案件事实真伪不明时，当事人的心理会变得异常敏感。当诉讼证明结束时，要件事实已得到充分的证明，事实清楚，或未得到证明，事实不清，当事人对最终的审理结果会有一个相对明确的心理准备，只要不明显背离当事人对案件心理预期，纠

纷解决一般会比较顺利。但在案件事实真伪不明的情况下，当事人的心理比较敏感，法官任何违反公平和正义的行为，都有可能引来当事人的不满，案件的审理和纠纷的解决也会受到较大的影响。因此，保证公平和正义的实现，证明责任分配依据的选择就至关重要。

（二）概念的明确性和可操作性

证明责任的分配主要是用来解决司法实践中的问题的，因此，证明责任分配的标准必须具有很高的识别度，即概念的明确性，否则很难发挥证明责任分配的作用。其次，证明责任分配的依据只有在实践中才能检验它的价值，如果不具有可操作性，证明责任分配依据则很难成立。因此，证明责任分配依据应具有可操作性。

（三）证明责任分配依据应具有抽象性和原则性

证明责任分配依据应具有抽象性和原则性，而不能具有具体性。因为，具体的因素都是在具体的案件中出现的，他们是偶然发生的情况。对于法律规定来说，之所以具体的或者在特殊情况下的因素不能成为证明责任分配的依据，是因为它会损坏法的可预测性和可预见性，破坏法的安定性。再有，当事人需要对哪些事实负证明责任是由实体法预先规定决定的，“当事人可以根据法律安排自己的诉讼行为。而由具体的因素作为证明责任分配的依据，当事人就无法针对性的安排。虽然不能成为证明责任分配的依据，并不是说这些因素完全没有意义，很多情况下证明责任分配仍需考虑这些因素。”〔1〕

二、证明责任分配的价值要求

证明责任的分配，实质上是实体法与程序法在诉讼中的适

〔1〕 姚晓：“论证明责任分配的依据”，山西大学 2012 年硕士学位论文。

用问题，都是为了实现公平与正义。民事实体法是通过调整各种不同的利益和要求，合理地配置权利与义务来实现这一目标的。民事诉讼法则是通过以公正的程序发现民事权益争执的真实情况，以调解或裁判迅速解决争议来达到这一目标的。

对于证明责任分配，实体法与程序法中的价值取向又表现为以下五个方面的价值要求。

第一，实现实体真实。尽管对通过证明活动查明的事实究竟是实质真实还是形式真实，理论上存在着不同的认识；尽管裁判中认定的事实能否等同于实际发生的原始事实不无疑问，但通过证明活动将争议事实的实际过程再现于法庭，使法院的裁判建立在真实的基础上，使裁判中确定的权利义务与当事人之间真实的权利义务相一致，历来是我国民事诉讼证明活动追求的目标。

如前所述，证明责任的法律机能主要在于使法院在事实真伪无法证明的困难情况下能够依据一定的标准对案件作出裁判。但另一方面，正是证明责任的存在，使得当事人真切地感受到举证的压力，强有力地促使他们积极举证以打破事实真伪不明状态。

毫无疑问，证明责任的配置应当有利于真实地再现有争议的案件事实，而不是为此设置障碍。因此，在分配证明责任时便不能不考虑双方当事人与证据的关系。为了便于发现实体真实，将证明责任置于占有、接近证据或者易于收集证据的一方而不是难以或者无法取得证据的一方显然是必要的。此外，这也是保证程序上的公正所要求的。

第二，当事人诉讼地位平等。当事人诉讼地位平等是民事诉讼的本质属性，也是构成程序公正的一项不可或缺的极其重要的内容。证明责任乃是败诉的风险，在一定情形下甚至会决定诉讼的结果。证明责任负担的多少直接影响到当事人在诉讼中的处境，使他处于较为有利的地位或者相当不利的地位。

因此，分配证明责任应充分考虑原告、被告诉讼地位平等的价值要求，应着眼于有利于保障双方当事人诉讼地位平等分配证明责任，应当使原告、被告承受的败诉风险大致均衡。

第三，减轻诉讼成本。诉讼经济是诉讼制度的内在要求，它实际上是诉讼效益问题。民事诉讼主要是为了解决财产权益纠纷，因而诉讼活动与人们的经济利益密切相关，诉讼主体需要投入时间和费用后才能获得诉讼结果。为此，民事诉讼制度的设计就不能不考虑效益问题。为了提高诉讼效益，各国在设计民事诉讼具体制度时均把诉讼节约（诉讼经济）作为原则，力求以尽可能少的时间与金钱获得公正的诉讼结果。证明是诉讼中的一项主要活动，证据制度的设计必须符合诉讼节约的要求。证明责任的不同配置直接影响到诉讼的节奏，它可以加速或者延缓诉讼的进程。因此，在分配证明责任时必须考虑诉讼节约的要求，采用有利于提高诉讼效益的分配证明责任的方法。

第四，实现实体法宗旨。证明责任是个“两栖”问题，是实体法与程序法在诉讼中的交轨，单从任何一个法域研究都无法寻到它的真谛。因此，分配证明责任不仅应当考虑程序法固有的公正与效率的价值要求，而且应当考虑实体法的价值要求，考虑如何才能使证明责任的分配与实体法的内在精神相一致，如何通过正确分配证明责任促使实体法宗旨的实现。总之，应当把实体法的价值取向作为分配证明责任的依据之一，应当通过分配证明责任促进实体法意图与目的的实现。

第五，裁判尽可能真实。当证明活动终了而争议事实仍然无法确定真伪时，法院就不得不依据证明责任的归属对案件作出裁判。就这类裁判而言，法院已无从判断每一裁判中确认的权利义务与当事人之间的真实权利义务关系是否相符。

但是，这并不能改变法律追求的使裁判建立在真实事实关系基础上的旨意。即使无法实现每一个案件的真实，也要尽量使裁判从总体上达到真实。当统计资料或生活经验表明通常情况下争议事实存在或真实的可能性远远超出不存在或不真实的可能性时，在事实真伪得不到证明时认定其真实或存在，与事实本来面目相符合的成分总是居多。这便是概率分析的方法。

既然证明责任分配实质上是在双方当事人之间分配事实无法证明所产生的不利诉讼结果。那么，为了使裁判总体上符合真实，证明责任的分配就必须同概率分析显示的结果、同日常生活经验中得出的结论相一致。这就是德、日两国的一些学者主张应根据盖然性分配证明责任的理由所在。

从总体上说，影响和支配证明责任分配的价值要求有以上五个方面，它们均应成为研究证明责任分配的原则以及具体诉讼中证明责任分配的指导方针。当这五方面的价值要求同时起作用，并且彼此兼容、相得益彰时，证明责任的分配无疑应同时符合这五方面的要求。这时，证明责任的配置便达到了最佳状态。

然而，这种最佳状态有时是很难达到的，因为这五方面的价值要求并不总是兼容的。当诸价值不兼容，甚至互相排斥时，应当依据何种价值分配证明责任的问题便产生了。笔者认为，对此应本着以下原则处理：

首先，以序位在先的价值作为分配证明责任的依据。为了正确地排列诸价值的序位，必须将诸价值运用于需要确定证明责任配置的案件事实，通过比较分析，权衡哪一种价值应优先考虑、放在优先的位置，才能最有利于实现法律的公平与正义，从而找出第一位的价值。

鉴于分配证明责任的实质在于确定事实真伪不明引起的不利法律后果应归属于哪一方当事人，民事诉讼法又以保障民事实体法确定的权利义务实现为其首要任务。所以，一般而言，选择实现实体法规则的宗旨作为第一位价值是妥当的。

其次，应尽可能兼顾多种价值要求。在诸价值发生冲突时，虽然已无法做到面面俱到，必须牺牲这项或那项价值，但由于一般不会出现五种价值彼此绝对排斥的情形，所以在优先选择某一价值的同时，兼顾其他一两项价值完全是可能的。因此，应当尽量寻找能够兼顾多种价值的分配证明责任的方法。

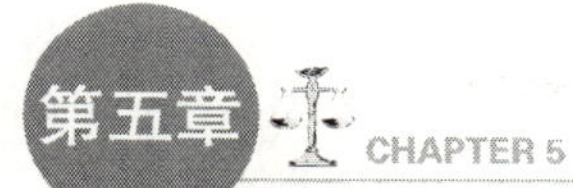

第五章 CHAPTER 5 我国的证明责任分配制度

第一节　我国证明责任分配制度的历史沿革

一、我国古代证明责任的分配制度

在我国古代法律中，虽然找不到“证明责任”这一术语，但这并不说明我国古代民事诉讼中就不存在证明责任由谁负担的问题。从有关史料看，我国封建社会初期就十分重视证据，特别是重视书证在民事诉讼中的作用。《周礼》中有多处关于证据的记载，如“凡民讼，以地比正之；地讼，以图正之。”“凡以财狱讼者，正之以傅别、质剂。”意思是说，凡民间发生了诉讼，对争议事实，应通过当事人住所地了解案件情况的邻居来证明；凡因土地疆界发生诉讼，应当用保存于官署的丈量土地的图来证明；凡是因财货发生诉讼，应以契约与券书来证明争议事实。证明责任是民事证据制度中的核心问题，对证据的重视势必导致对证明责任的重视。承嗣、婚姻、田土房宅、钱债是我国古代民事案件的基本组成部分，从我国古代典籍、判牍关于这些案件的记载中，可以看出证明责任分配情况的概貌。

《周礼·秋官·朝士》云：“凡有责者，有判书以治则听。”

汉代的郑玄对此解释说:"若今时辞讼有券书者为治之。"意思是说,原告就债务案件起诉时,必须提出借贷关系发生时双方所执的券书为证,官府才受理。宋代判牍中载有无证据官司不许受理的案例。"傥果有庶出之子不自抚育,并母逐去,以嫁其仆李三,非人情也。今李三之子李五,谓母怀孕而出,以嫁李三,自陈归宗,何所据而然也,准法诸别宅之子,其父死而无证据者,官司不许受理。"[1]另外,宋代判牍中还记载着这样的案例:罗琛、罗琦兄弟因罗琦典卖给赵宅的一亩多田的所有权发生争执,罗琦告到官府,称该田是他卖人的,罗琛将田契盗去转卖给赵家。主审官范应铃审理后,依据证据作出如下裁决:被告罗琛"既有契字,又缴到分关书,既无批破,交易已正。"原告所称"盗窃之事,理或有之,但罗琦并无片纸执手,考之省簿,又是兄弟合为一户,税钱苗退受复无稽考,官司将何所凭退回交易?"[2]从上面所引的例子中不难看出,在我国古代的民事诉讼中,证明责任首先由原告负担,原告如不能证明其主张的事实,官府或者根本不予受理,或者驳回原告的请求,作出被告胜诉的裁判。

在原告证明所主张的事实后,证明责任便转到了被告一方,被告对反驳原告请求所提出的事实也需负证明责任,如不能证明所主张的事实,照样要承担败诉的结果。例如清代《新编樊山判牍精华》中一案:原告诉称被告欠其钱七百五十串,并提出借据为凭,被告辩解说所欠之钱早已归还,但借据抽回后又被原告拿去。对所主张的事实,被告提不出任何证据。知县樊

---

〔1〕 中国社会科学院历史研究所点校:《名公书判清明集》,中华书局 1987 年版,第 66 页。

〔2〕 中国社会科学院历史研究所点校:《名公书判清明集》,中华书局 1987 年版,第 66 页。

增祥判曰："惟此借票一张，的的真真是尔自贻伊戚，照理而论，七百五十串，自应如数归偿。"[1]

由上可见，在我国古代民事诉讼中，虽然理论上从未提出过任何分配证明责任的原则，但在诉讼实践中始终贯彻"谁主张，谁证明"以及原告首先应当证明其主张的做法。中国古代司法官在实践中创立的分配证明责任的方法与凝聚着古代智慧的罗马法中的原则不谋而合。

二、清末证明责任的分配制度

到了清末，晚清政府迫于日益高涨的革命形势的压力，不得不进行法制改革。在立法方面，模仿西方资本主义国家的法律，制定了刑律、民律和诉讼律草案。《大清民事诉讼律草案》第 340 条规定，当事人应立证有利于自己之事实上主张。这是旧中国法律草案中最早的关于证明责任分配的规定，该草案未及颁行，晚清政府便在辛亥革命的隆隆炮声中寿终正寝了。

三、国民党政府时期的证明责任的分配制度

国民党政府 1935 年颁布的《民事诉讼法》是在《大清民事诉讼律草案》的基础上制定的。该法第 277 条规定的证明责任分配的原则是，当事人主张有利于己事实者，就其事实负有举证之责任。这与《大清民事诉讼律草案》的规定基本相同。在审判实践中，国民党政府的各级法院主要是参照特别要件说来分配具体诉讼的证明责任的。国民党政府迁至我国台湾地区后，我国台湾地区当局曾于 1945 年、1968 年、1971 年、1999 年、2000 年五次对"民事诉讼法"进行大范围的修订，但前四次修

〔1〕 樊增祥：《新编樊山批公判牍精华》（第二册），上海广益书局 1926 年版，第 6~7 页。

订并未涉及证明责任条款，最后一次修订在原有规定后增加了"但法律另有规定，或依其情形显失公平者，不在此限。"修订的理由是：证明责任的分配相当复杂，仅设原则性规定不能解决所有的证明责任分配问题，故有必要在原则规定之外增设但书规定。1980 年 11 月，我国台湾地区"司法院"发布了"办理民事诉讼案件应行注意的事项"（以下简称"事项"）。该"事项"第 33 条对证明责任问题作了进一步说明，要求"法院审理及判断事实时，应注意当事人间证明责任分配之原则，当事人主张有利于己之事实者，就其事实有举证之责任。故如原告应先就其诉之原因事实负举证之责，必原告所举证据，确能成立，被告始就其主张抗辩事实，负举证责任。若应由某造当事人举证之事实而未声明证据者，应即命其声明，如该当事人不能尽举证责任者，即不得认其主张之事实为真实。但法院斟酌证据，并不以负举证责任之当事人所提出者为限，即不负举证责任之当事人，所提出之证据，亦得为该当事人或他造之利益斟酌之。"该"事项"同一条中还要求法院在"不能依当事人声明之证据而得心证，或因其他情形认为必要时，亦得以职权调查证据，并于裁判时斟酌之。"〔1〕

第二节　证明责任分配制度的作用

民事诉讼主要表现为当事人行使诉权和人民法院行使审判权的活动。民事诉讼理想状态的实现依赖于这两种权能的正确行使，而证明责任的正确分配，对当事人正确行使诉权、人民法院正确行使审判权有着非常重要的作用。

〔1〕 李浩：《民事证明责任研究》，法律出版社 2003 年版，第 135～138 页。

一、对当事人正确行使诉权的作用表现

第一，纠纷发生前，当事人如果了解一旦发生纠纷自己将对哪些事实负证明责任，那么在进行民事活动时，特别是实施数额较大的民事法律行为时，就会尽量采用将来易于证明的方式，如诉讼时效即将届满时，以书面形式向债务人提出履行义务的请求，并将该信函或通知制作复印件。对那些即将灭失或今后难以取得的证据，当事人就会及时地请求公证机关采取保全措施。这样，今后一旦发生纠纷，当事人就能通过行使诉权，在法庭上提供充分确凿的证据证明自己所主张的事实，从而使自己的合法权益得到人民法院的确认和保护。

第二，在起诉前，有利于当事人对发动诉讼与否作出正确抉择。尽管提供证据并不是起诉成立的先决条件，但如果起诉人既不能对其主张的事实提供现成的证据，又不能向法院提供任何证据线索，此时与其冒着极大的败诉风险提起诉讼，倒不如先在证据方面做些补救工作再起诉。当证据的获取需要对方当事人的善意合作时，先设法收集证据再提起诉讼无疑是明智的选择，因为提起诉讼后再收集证据通常会困难得多。

第三，在诉讼中，有利于当事人、诉讼代理人有针对性地收集和提供证据。现行《民事诉讼法》强化当事人提供证据的责任后，当事人、诉讼代理人收集证据的状况对诉讼胜败的影响明显增大，只有明确了自己对哪些事实负证明责任，当事人才能有目的、有针对性地收集和提供证据。同样，只有明确了自己所代理的当事人对哪些事实负证明责任，诉讼代理人才能有效地开展收集证据的工作。

第四，有利于当事人正确对待败诉的判决。如前所述，当案件事实最终仍处于真伪不明状态，人民法院将不得不作出不

利于对该事实负证明责任的当事人的裁判。但另一方面，当事人主张的该事实可能完全是真实的，只是无法证明而已。败诉的当事人如果不明白证明责任的道理，就可能感到自己受了冤屈，甚至会误认为法院裁判不公，而当事人如果明白证明责任，就能够理解和接受败诉的判决。

二、对人民法院正确行使审判权的作用表现

第一，有利于人民法院正确地向当事人收集证据。要求当事人提供证据或补充提供证据是人民法院经常实施的诉讼行为。但是，在某些情况下，审判人员就争议事实收集证据时，并非可以要求任何一方当事人提供证据，而只能要求对争议事实负证明责任的一方当事人提供证据或提供补充证明的证据。在审判实践中，有的审判人员混淆了证明责任的分配，不要求主张某事实存在的当事人举证证明，却要求单纯否认该事实的对方当事人提出证据来证明事实不存在。这不仅会使该当事人陷于无法举证的困境，而且有悖于审判公正的原则。这种做法显然是错误的，分清了证明责任的分配，就能避免发生这种错误。

第二，有利于人民法院对案件作出正确裁判。当案件事实的真伪无法确定时，证明责任便具有头等重要的意义，案件处理的结果完全取决于该事实的证明责任应当由哪一方当事人负担。因此，在事实真伪不明时，混淆了证明责任的分配，就必然会造成错误的裁判。

第三，有利于发现裁判中的错误。为保证裁判的正确性，我国《民事诉讼法》设立了上诉审程序和审判监督程序，人民法院对上诉案件应依法进行审理，各级人民法院院长对本院已生效的裁判，上级人民法院对下级人民法院已生效的裁判，最高人民法院对地方各级人民法院已生效的裁判，应当进行必要

的审查。既然混淆证明责任承担是造成错误裁判的原因之一，那么有权对上诉案件进行审理、有权对生效裁判进行审查的组织或人员就必须注意这方面的问题，以便发现错误时及时地予以纠正。另外，当事人、诉讼代理人也应当注意这方面的问题，如果发现审判人员因混淆证明责任的分配作出了错误的裁判，也可以此为理由提出上诉或申请再审。

第三节 我国证明责任的分配规则

一、关于“谁主张，谁举证”的证明责任分配规则

在新中国成立后长达 30 余年的时间里，由于对证明责任存在的一些误解，有关民事诉讼的政策法规从未提及证明责任问题。在民事审判实践中，则是根据“谁主张，谁证明”来确定证明责任的归属。由于当时实行的是高度集中的计划经济模式，民事法律关系比较简单，所以证明责任的分配在审判实践中并未成为一个突出的问题。这种状况一直延续到 1982 年。1982 年 3 月 8 日，我国颁布了第一部民事诉讼法——《民事诉讼法（试行）》。该法第 56 条第 1 款首次对证明责任分配作出规定，即“当事人对自己提出的主张，有责任提供证据”。1991 年修订《民事诉讼法》时，这一款未作任何更改。

然而，就是这个“谁主张，谁举证”给我国的司法实践造成了严重混乱，以致最后成了不知所云的概念。

首先，何为“主张”？如一般侵权案件中，甲方当事人说乙方当事人打了甲，而乙方当事人说没有打。对于这个案件，甲的说法是主张没有异议，而对乙方的说法是不是主张意见相反？在本案中甲说乙打了甲，而乙说没打，这究竟是一个事实还是两个事实？乙的说法究竟是不是主张？这些问题单凭一句“谁

主张，谁举证”是不能解决的。因为如果甲乙说的都是主张，那么当本案事实真伪不明的情况下，就意味着双方都要承担证明责任。然而这是不可能的，法院不可能同时宣判双方胜诉或败诉。笔者认为，本案中的“打还是没打”是对一个事实的对立性表述，因为打和没打只能存在一个，不可能既打了又没打。陈刚博士认为这里有一个“两立性原则”，他认为：“诉讼制度正是根据这种事物的两立性（正反两方面）确定了诉讼攻击和防御之原理。由于判决是对当事人之间有争议的（对立的主张、两立性的主张）权利义务关系作出确定，因此，在逻辑上必须对双方当事人的诉讼结果作出胜败之分。而‘谁主张，谁举证’从逻辑上否定了两立性原则，它混同了肯定主张和否定主张抑或诉讼攻击和防御之间的区别，进而得出了不论是肯定主张还是否定主张都需承担证明责任的错误结论——在要件事实真伪不明时，当事人双方都要承担证明责任”。[1]既然是这样，那么对本案中打没打人这一事实，是由肯定主张者甲承担证明责任呢还是由否定主张者乙承担呢？很显然“谁主张，谁举证”不能回答这个问题。

其次，“谁主张，谁举证”中的“举证”应属于主观证明责任，而非客观证明责任。但客观证明责任分配的要义就是当案件事实出现真伪不明的情况下由谁来承担诉讼上的风险。显然，这里的“举证”与客观证明责任无关。所以“谁主张，谁举证”并没有规定案件事实真伪不明时的风险如何承担。

最后，“谁主张，谁举证”至多可以解释为：当事人对自己提出的主张所依据的事实，有责任提供证据加以证明。它只说明了主张事实的提出与提供证据之间的关系，然而正如有学者

---

〔1〕 陈刚：《证明责任法研究》，中国人民大学出版社 2000 年版，第 230~231 页。

指出："关键问题是，当事人究竟对案中的什么事实应当主张，从而就该主张是否负证明责任?"[1]正如前所述，解决这个"应当"问题正是客观证明责任分配标准的固有内容。众所周知，辩论主义内容主要有两方面：一是当事人没有主张的事实，法院不得加以认定；二是对当事人间没有争议的事实，法院也应认为该事实没有争议并加以认定。因此，当事人应积极主张其应所主张的事实，否则当事人将对其没有主张的事实，因法院不认可该要件事实而承担诉讼上的风险，这就是主张责任。而且大陆法系认为在辩论主义诉讼的背景下，客观证明责任的存在决定主张责任的存在，客观证明责任分配标准决定主张责任的分配标准。所以，即便是我们把"谁主张，谁举证"中的"举证"理解为客观证明责任的含义，这也是违反主张责任分配与客观证明责任分配的顺序的。虽然，从时间上，在具体的诉讼逻辑上主张先于证明存在。所以说，"谁主张，谁举证"是主张责任和客观证明责任关系的本末倒置的规定，而应是"谁举证，谁主张"的关系。

综上所述，我国并没有一个统一的客观证明责任分配标准，这一定程度上造成了司法界对这一问题认识的混乱。法官各自为主，往往在案件事实真伪不明时凭感觉裁判，从而使司法自由裁量权泛滥，导致同类案件得不到同样处理，法律适用的统一性遭到一定程度的破坏。因此，有学者甚至建议将《民事诉讼法》中的这一规定删除，理由是"'谁主张，谁举证'在理论上缺乏逻辑性，不能指导诉讼实践，因而也不能作为证明责任的一般性分配原则。"[2]

---

〔1〕 樊崇义主编：《证据法学》，法律出版社 2001 年版，第 209 页。

〔2〕 陈刚：《证明责任法研究》，中国人民大学出版社 2000 年版，第 232 页。

二、相关司法解释确立的证明责任的分配规则

（一）证明责任分配规则的确立

如前所述，民事诉讼法关于“谁主张，谁举证”的规定并未能有效解决证明责任分配问题，因此，从理论上研究证明责任的分配，探寻分配证明责任的一般规则，进而以立法的形式确定下来，在我国民事诉讼中仍然是十分必要的。鉴于当事人在诉讼中主张的是各类事实，将对这些事实的分析作为探寻证明责任分配规则的起点无疑是适当的。

分配证明责任，是为了解决实体法上的要件由哪一方当事人负责证明，以及当要件事实真伪不明时由哪一方当事人承担不利的裁判结果，因此，在提出证明责任的分配原则之前，需要先对要件事实进行分类。实体法上的要件事实，依据它们引起的法律后果不同，可以分为以下四类：

第一，产生权利或法律关系的事实。这类事实在诉讼中被主张权利的一方当事人作为诉讼请求所依据的事实。

第二，妨碍权利或法律关系发生的事实。这类事实的特点在于，它们在权利或法律关系欲发生之初，便与发生权利或法律关系的事实相对抗，阻止它们发生，由于这类事实的存在，权利或法律关系不能发生。这类事实主要包括两种，一种是行为人缺乏相应的民事行为能力，代理人没有代理权、超越代理权或者代理权终止以后以被代理人名义订立合同；另一种是导致合同无效的各种事实，如恶意串通，损害国家、集体或者第三人的利益，以合法形式掩盖非法目的等。

第三，变更或消灭权利或法律关系的事实。这类事实是在权利或法律关系发生之后，在权利人欲行使请求权时与其相对抗。具体包括两种情形：一种是致使法律关系被变更或撤销的

事实。这主要是指合同法规定的当事人行使变更或撤销权的各种事实，如订立合同时存在显失公平或重大误解；一方当事人以欺诈、胁迫手段或乘人之危，使对方在违背真实意思的情况下订立合同。另一种是权利或法律关系发生后，引起其变更或消灭的各种事实，如履行、解除、抵销、免除、提存、混同等引起合同权利义务关系终止的事实。

这两种情形的差别在于，当存在第一种情形的事实时，既可能引起权利义务关系的变更，也可能引起权利义务关系的消灭，其法律后果究竟如何，取决于权利人的选择，而存在第二种情形的事实时，法律后果为消灭已发生的权利义务关系。此外，当存在第一种情形的事实时，已发生的权利义务尚未实现便消灭，而出现第二种情形中的某些事实时（如履行、提存），权利义务关系之所以消灭，是因为权利已经实现。

第四，排除权利行使的事实。这类事实是指当事人行使抗辩权所依据的要件事实。民事实体法中的抗辩权包括同时履行抗辩权、不安抗辩权、先诉抗辩权、时效抗辩权。在债权人证明产生债权的事实后，债务人可主张抗辩权对抗债权人的请求权，使债权人的请求权暂时或永久失去效力。债务人提出抗辩时，应对此种权利的要件事实负证明责任。这类事实既不同于妨碍权利发生的事实，也不同于消灭权利的事实，这类事实的存在无妨权利发生，但却使权利人无法行使其请求权。

根据我国司法实践情况，综合我国法律对某些领域（侵权类诉讼，劳动争议诉讼、合同类诉讼等）证明责任的特殊规定，说明我国在证明责任分配上考虑个案的特殊性，考虑距离证据远近，证明难易等因素；《证据规定》第 2 条规定："当事人对自己提出的诉讼请求所依据的事实或者反驳对方诉讼请求所依据的事实有责任提供证据加以证明。没有证据或者证据不足以证明当事人的事实主张的，由负有举证责任的当事人承担不利后果。”结合《证据规定》，2015年2月4日实施的《司法解释》，对证明责任及证明责任的分配作了规定。具体包括：

第90条规定：“当事人对自己提出的诉讼请求所依据的事实或者反驳对方诉讼请求所依据的事实，应当提供证据加以证明，但法律另有规定的除外。在作出判决前，当事人未能提供证据或者证据不足以证明其事实主张的，由负有举证证明责任的当事人承担不利的后果。”

第91条规定：“（一）主张法律关系存在的当事人，应当对产生该法律关系的基本事实承担举证证明责任；（二）主张法律关系变更、消灭或者权利受到妨害的当事人，应当对该法律关系变更、消灭或者权利受到妨害的基本事实承担举证证明责任。”

这样分配证明责任是因为，它符合我国《民事诉讼法》的有关规定和审判实践中的实际情况，而且保障了双方当事人诉讼地位的平等，能够较大限度地使人民法院依据证明责任作出的裁判与事实的真实情况相一致，有利于提高民事审判工作的效率。

综上所述，以上提出的分配证明责任的原则，反映了民事诉讼中分配证明责任的一般规律，使双方当事人负担的证明责任大致均衡，有助于人民法院正确、及时地处理民事案件，有利于我国与外国及大陆与港、澳、台地区进行民事诉讼方面的交流与合作。

（二）理解证明责任分配规则应注意的问题

为了正确理解证明责任的分配规则，应注意以下几个问题：

第一，以上原则是参照法律要件分类说中罗森贝克的学说制定的，参照该学说的理由在于：①从我国的实体法构成来看，我国的实体法基本上与大陆法系的实体法规范结构相同。各种法律规范的适用要件也比较明确。因此区分权利发生规范与权利消灭规范或权利妨碍规范，并在司法实践中加以运用是有条件的。②从我国的司法实践来看，我国属于成文法国家，向来重视法的统一性和稳定性，法律要件分类说从实体法律规范入手，天然地具有统一性和稳定性。同时它作为一种形式上的标准，比较外化，增强了当事人对证明责任的可预测性，并且基于这一点还能增强当事人对司法的信赖度，制约法官的自由裁量权，吸收当事人对证明责任分配的不满；从诉讼技术的角度分析，它又便于操作，从而有利于提高民事审判的效率。③法律要件分类说作为证明责任原则的确存在某些不周全的地方，但有些问题是可以通过法律规定或司法解释予以补正的，也可以通过例外规定加以修正。法律要件分类说的有些理论确实存在着不周全的地方，从而影响该理论体系的完美，但如果司法解释和判例能够跟上这些问题，就不会影响法律要件分类说作为分配原则在实践中的具体适用。[1]

第二，上述原则所涉及的事实是抽象的要件事实，它只是以极其概括的方式告诉人们哪些事实应当由原告主张和负证明责任，哪些事实应当由被告主张和负证明责任。在任何实际的诉讼中，抽象的要件事实不会成为证明的对象，成为证明对象的只能是那些经当事人主张后具体化了的事实，即发生在一定的时间和空间的事件或由一定当事人在一定时空实施的行为。在实际诉讼中，当事人负证明责任的，总是所主张的具体的事实。

但是，这种具体的事实主张绝不能脱离应负证明责任的抽象的要件事实。换言之，无论具体的事实主张表现为何种内容，

〔1〕 参见朱玉玲："对民事诉讼证明责任及其分配的思考"，载《山东科技大学学报（社会科学版）》2006年第1期。

为了使其具有诉讼意义，就必须使之与抽象的要件事实相吻合。在上例中，不论原告主张存在何种合同关系，也不论原告主张在何时何地、基于何种动机、目的与何人订立，他都必须主张双方就该合同最基本条款达成协议。可见，具体的事实主张并不会引起证明责任分配的变化。当事人在实际诉讼中负担的具体证明责任与根据上述原则确定的抽象证明责任负担具有一致性。

第三，上述原则只是在要件事实这一层次，即直接引起权利义务关系变动的事实的层次上划分证明责任，尚未涉及第二层次的事实，即那些间接的事实——那些不能单独说明要件事实而需要综合若干事实并通过推论才能说明要件事实的间接事实。同样，被告反驳原告主张的事实，可以通过直接相反的事实来反驳，也可以用间接相反的事实来反驳。从诉讼实践看，被告运用间接事实进行反驳，大多发生在原告试图以间接事实证明要件事实存在的场合。

当被告提出间接事实进行反驳时，就发生了两类事实的证明责任问题，一类是有争议的要件事实，另一类是被告提出的间接事实。对于要件事实，无论原告是以直接事实将其具体化还是以间接事实将其具体化，证明责任都在原告一方；而对于间接事实，则要由被告负证明责任，被告主张的间接事实要想被认定，就必须以充分的证据证明其真实，原告对此不负证明责任，因此他只要提出证据使该间接事实处于真伪不明状态，就能达到否定该间接事实的目的。

这说明，在一方当事人以间接事实反驳对方主张的要件事实时，该当事人对间接事实负有真正的证明责任。但另一方面，他也只对间接事实负证明责任，要件事实的证明责任仍然由对方当事人负担，间接事实的证明不会改变根据上述原则确定的证明责任分配。

第四，尽管在多数诉讼中原告应证明产生某种权利义务关系的事实，被告则应证明妨碍权利义务关系产生的事实或者变更、消灭权利义务关系的事实，但切莫因此认为证明责任的分配取决于当事人在诉讼中的地位为原告还是被告。

第五，上述原则表明，证明责任分配与当事人在诉讼中处于何种地位并无关系，它完全取决于当事人在诉讼中是主张权利存在，还是否认权利存在或是主张过去发生的权利已变更或消灭。

第六，上述原则只是分配证明责任的一般规则，一般规则的实际运用必须与下一章中的证明责任倒置结合起来。我们不妨将导致证明责任倒置的诸多因素称为分配证明责任的特殊规则。一般规则与特殊规则之间的关系，犹如一般法与特别法的关系。在适用时，应根据“特别法优于一般法”的原理，优先适用特殊规则。具体地说，将一般规则运用于具体诉讼时，还必须考虑是否存在需要倒置证明责任的特殊情形，只有在排除特殊情形后，才能完全依照一般规则分配证明责任。

但是，特殊规则的存在并不会降低一般规则的意义，即使在那些需要较多地运用特殊规则处理证明责任分配的诉讼中也不例外。无论如何，证明责任的倒置是以一般规则的存在为前提的，离开了根据一般规则确定的“正置”，倒置便无从谈起。事实上，正是由于特殊规则所起的重要补充作用，才使得证明责任分配的规则得以存在，才使得这些规则能够有效地适用于各种复杂案件。

第七，只有在实体法未对证明责任的负担作出明确规定时，才需要依据上述原则分配证明责任。对于上述实体法已明确规定证明责任的情形，无疑应直接根据实体法的规定确定证明责任由谁负担。

三、关于两个司法解释确定的证明责任分配规则的评析

（一）对《证据规定》确定的证明责任分配规则的评析

最高人民法院在《证据规定》中对主观证明责任、客观证明责任以及几种案件的证明责任分配作出了规定，一定程度上扭转了上文提到的我国对证明责任概念认识的错误和混乱，并对几种具体案件规定了客观证明责任的分配。

但笔者认为，该《证据规定》存在以下两个相互联系的主要问题：第一，虽然对几种具体案件进行了客观证明责任分配，但没有提出一个对所有民事实体法适用的统一的客观证明责任分配标准，使大量案件没有标准可依。第二，该《证据规定》第7条规定："在法律没有具体规定，依本规定及其他司法解释无法确定举证责任承担时，人民法院可以根据公平原则和诚实信用原则，综合当事人举证能力等因素确定举证责任的承担。"这条规定将法律、司法解释没有规定分配的多数案件的客观证明责任分配授权给了法官自由裁量，使法的安定性和可预测性大大降低。以德国为例，德国理论界和实务界证明责任分配标准适用顺序是有法律规定的优先适用法律规定，没有规定的适用"规范说"，从而绝大多数案件都得以在法的安定性和可预测性下解决。依该做法，我国至少也应当依法律规定、司法解释规定、学说（笔者推崇"规范说"）这样的顺序来确定证明责任分配的适用顺序，因为不管是外国也好我国也好，法律和司法解释直接规定分配的案件类型毕竟少之又少，如果仅以法律规定（包括司法解释）和法官自由裁量权这二者作为客观证明责任分配的适用顺序，就会使多数案件置于分配标准不确定的巨大风险中，最终导致法律适用的不统一，相同案件得不到同

样处理，矛盾丛生。

“我国对客观证明责任分配标准这一概念的认识还存在诸多混乱，许多基础性概念尚没有厘清，例如客观证明责任与主观证明责任的区别、‘举证责任倒置’等。这种状况成为我国在探讨客观证明责任分配标准时的不必要的障碍，因此必须在厘清有关证明责任概念后，才能进一步探讨客观证明责任分配标准。最高人民法院《证据规定》在一定程度上认识到了这个问题，并在该《证据规定》第2条区分了主观证明责任与客观证明责任。但《证据规定》没有规定统一的客观证明责任分配标准，并授权法官自由裁量法律规定分配案件以外案件的客观证明责任分配，使法的安定性和可预测性降低。”〔1〕

（二）对《司法解释》确定的证明责任分配规则的评析

第一，关于《司法解释》第91条。该规定在我国第一次明确采纳了“规范说”对实体法关于权利效果的分类方法，按一方提出法律关系主张和另一方可能提出的权利妨碍或法律关系的变更、消灭来分配双方的证明责任，可看作是学界对德国“规范说”理论长期呼吁的成果。〔2〕

依“规范说”，证明责任的分配结果必然是非此即彼的，即特定要件事实的证明责任只能由一方当事人负担，在诉讼过程中不会发生倒置或转移，也不能由法官裁量分配，更不会有加

〔1〕 张慧英：“民事诉讼证明责任问题研究”，吉林大学2012年硕士学位论文。

〔2〕 在证明责任分配规范上字面上的差别是，德国理论上惯用“权利”表述，而我国理论上惯用“法律关系”表述，但指向是同样的。参见袁中华：“证明责任分配的一般原则及其适用——《民事诉讼法》司法解释第91条之述评”，载《法律适用》2015年第8期。

重、减轻与缓和的证明责任。[1]“证明责任的减轻”这一概念表达的是通过督促当事人举证或法院替代性事实认定的手段来化解证据短缺时的事实认定困境的制度手段，这个集合性概念，包括诸如表见证明、摸索证明、事实阐明义务、文书提出命令、举证妨碍的处理、降低证明标准等方法与正式或非正式制度，[2]典型的如通过具体情形下课以不负证明责任方当事人提供证据的义务来达到案件事实认定的目的，从而避免证明责任裁判的适用。这一概念曾是针对实践中证明责任裁判的扩大化适用而提出的，对于我国法院滥用证明责任裁判有很大的借鉴意义。但从理论上来说，在特定案件中证明责任是固定于一方当事人的，不存在“多一点”或“少一点”的证明责任，减轻或缓和都是从制度适用的总体效果上而言的。

实体立法上的规范体现价值冲突时的权衡与选择，证明责任分配要依据实体法的目的与宗旨进行，也就是说法官分配证明责任不过是在具体案件裁判过程中确认、实现实体法。证明责任分配是一道“客观题”，由于存在分配的“标准答案”，法官并不享有裁量权。正如罗森贝克所言：“（证明责任）分配原则不能从公正性中推导出来……如果法官想将具体的诉讼之船根据公正性来操纵，那么，他将会在波涛汹涌的大海里翻船。”[3]

第二，关于《司法解释》第90条。该规定应理解为具体举证责任承担的一般性规定。这一规定与《司法解释》第91条关于证明责任分配的一般原则规定区别明显。“我国此前由于证明

〔1〕参见胡学军：“证明责任‘规范说’理论重述”，载《法学家》2017年第1期。

〔2〕对此类制度的介绍，参见胡学军：《具体举证责任论》，法律出版社2014年版，第176页。

〔3〕［德］莱奥·罗森贝克：《证明责任论》，庄敬华译，中国法制出版社2002年版，第97页。

责任分配原则规范的缺位，理论上希望通过对当事人主张与反驳的限缩解释将‘谁主张，谁举证’这一行为责任的宣示性规定解释为证明责任分配的规范性规定的观点不绝如缕。但据此分配败诉风险毕竟比较含混，难免有隔靴搔痒之感。由于反驳责任界定的不准确性，使得依此分配证明责任难免存在多样化理解或重复分配（双方当事人对实际上的同一事实承担责任）的问题。虽然这一规范在形成我国证明责任分配理论的理解过程中确实发挥了积极的过渡性作用，但现在，这一规定已完成其历史使命。故当前对第 90 条的解释应当回复其本来所指意义，即举证行为责任承担的一般性、宣示性的规定。也就是说，为达到查明案件事实这一目的，当事人无论是主张或反驳某一事实，都负有提供证据的一般性义务。具体举证责任问题不存在非此即彼的分配，基于解明案件事实的目的，其常态是在当事人之间共同承担、交互进行。当然，一般来说，证明责任作为风险负担的预置功能将使负担证明责任的当事人总是首先背负证明压力，总是处于攻击状态，而不负证明责任方则处于防御状态，尽力阻止案件事实的证明，而希望将事实拉回‘真伪不明’的状态。这种‘本证—反证’的交替进行一般无需法官介入提示也会在当事人之间自动进行。而在‘当事人因疏漏、误解和对法律理解不当等原因，而对相关案件事实未予证明’的情形下，则需要法官行使释明权，予以提示当事人继续补充证据或提出反证，并裁量决定具体的不利后果形态。这方面的司法裁判经验总结，在《司法解释》也有多条特别规定。”

“总之，举证责任承担是一道‘主观题’，须裁判者结合具体场合，具体情形，具体证据情况来判断。举证责任承担的依据包括证据所持、与证据的距离、举证可能性（或继续举证的不可能）、举证成本、举证态度、事实存在的盖然性，等等。案件事实的查明通过对立当事人之间的交互举证行为而推动，举证责任本就是可以转换的，正所谓‘事实越辩越明’。而举证责任在当事人之间轮转交替承担，是以法官的证明评价为转换界点的，因此并不是完全‘自动’进行的，而往往需要法官不时予以指示、释明甚至命令。法律对当事人举证的规范是证明与事实认定活动的经验总结，指导法官解决证据短缺或判断疑难时的事实认定。举证责任的承担需要考虑具体情境与各种事实的细节，根据亲历性，必须由裁判者在直接言辞原则的基础上进行判断，学者在没有亲自接触案件证据的情况下是很难对此进行评价的。”〔1〕

再有，由于我国深受大陆法系传统体制的影响，在立法体制上属于典型的制定法国家，而法律要件分类说是建立在将实体法按照权利属性设定为不同的构成要件分类，以此作为法官在诉讼证明上就诉讼主张的不同而判明当事人所负担证明责任的归属。另外，法律要件分类学说在各主要大陆法系已经过相当长时间的实践检验，虽在某些方面有一些缺陷，但它毕竟是罗马法证明责任分配法则在现实社会发展中的应然产物，属人类法律文化的共同遗产。但就我国民事实体法而言，完全或主要依照法律要件分类说作为司法审判的理论根据，指导证明责任分配规则的适用，尚有不尽成熟的条件。因为，过去几十年以来，我国所制定的民事实体法习惯于对法律条款即法律要件事实作粗略、笼统的规定，与德、日等大陆法系国家比，较少地考虑到实体法的诉讼功能，因此我们应结合我国的国情并借鉴其他大陆法系国家的做法和学术界通说，依据法律要件分类说，制定我国证明责任的分配规则。

---

〔1〕 胡学军：“举证证明责任的内部分立与制度协调”，载《法律适用》2017年第15期。

《司法解释》正是基于以上原因确立了我国的证明责任的分配规则。

第四节　证明责任分配体系中的顺序考量

如前所述，证明责任分配问题之所以学说众多，是因为证明责任分配问题极为复杂，很难用一两条原则一劳永逸地解决所有案件证明责任的分配，而且，在整个证明责任的分配体系中涉及的因素众多，如实体法的规定、诉讼法的规定、司法解释的规定、当事人对证明责任分配的约定及法官的自由裁量，等等。

笔者认为，针对证明责任分配体系中的全部因素，在分配证明责任时应有先后顺序之分，以规范法官的司法裁量权的行使，并指导司法实践作出正确的证明责任的分配。

一、实体法及相关司法解释的规定

（一）证明责任分配要依照实体法律明文规定

如前所述，证明责任的分配，本质上是实体法所决定的，因此依据实体法的规定确定证明责任的归属乃理所当然。有时候实体法会对证明责任作出相当明确的规定，例如《侵权责任法》第 66 条："因污染环境发生纠纷，污染者应当就法律规定的不承担责任或者减轻责任的情形及其行为与损害之间不存在因果关系承担举证责任。"第 78 条："饲养的动物造成他人损害的，动物饲养人或者管理人应当承担侵权责任，但能够证明损害是因被侵权人故意或者重大过失造成的，可以不承担或者减轻责任。"第 79 条："违反管理规定，未对动物采取安全措施造成他人损害的，动物饲养人或者管理人应当承担侵权责任。"此外，合同法、专利法、著作权法、海商法等法律中也对证明责任制度的分配作了相应的规定。

（二）依照附属法形式确定证明责任的分配

所谓依照附属法形式确定证明责任的分配，是根据法律要件构成以及法律规定之间的相互关系等引导出来的，具有附属性、派生性规范的性质，或根据制定法在法律要件中对举证责任所作的明确规定即积极性规定，而引导出的证明责任的分配。

附属法规定谁负担举证责任、负担提出哪些证据的责任。例如《民法总则》第157条规定："民事法律行为无效、被撤销或者确定不发生效力后，行为人因该行为取得的财产，应当予以返还；不能返还或者没有必要返还的，应当折价补偿。有过错的一方应当赔偿对方由此所受到的损失；各方都有过错的，应当各自承担相应的责任。法律另有规定的，依照其规定。"这里就没有明确规定谁负担举证责任、负担提出哪些证据的责任，但可以引导出民事法律行为无效、被撤销或者确定不发生效力后，各方应承担的责任，并引导出证明责任的分配。再如，《收养法》第30条第2款规定："生父母要求解除收养关系的，养父母可以要求生父母适当补偿收养期间支出的生活费和教育费，但因养父母虐待、遗弃养子女而解除收养关系的除外。"稍作分析便可得知，该款前半部分是原则规定，是关于补偿请求权发生的要件事实的规定，应由主张补偿的养父母负证明责任；后半部分的但书是例外规定，是关于妨碍补偿请求权发生的要件事实的规定，应由不同意补偿的生父母负证明责任。

（三）依照隐形法形式确定证明责任的分配

隐形法形式也称消极性规范的识别、默示性，对法律条文的文义、性质或法律构成要件进行实质性解释，引导出隐形于其中的证明责任的分配。

隐形法形式规定谁负担举证责任、负担提出哪些证据的责任。①以法律关系的发生、变更或消灭的法律构成要件为依据识别，即每一种法律上的根据都以具备一定的法律构成要件为发生法律效力的前提。例如债的发生有合同、侵权、不当得利、无因管理、缔约过失等根据，变更有主体变更、内容变更，消灭包括履行完毕、抵销、提存、混同、免除等，这些根据都需要具备一定的法律构成要件才发生法律效力。因此，可以从债的发生、变更或消灭的法律构成要件实质性解释引导出隐形于其中的谁负担举证责任、负担提出哪些证据的责任。又如有关诉讼时效的法律规定，能够引导出隐形于其中的举证责任的分配，被告提出诉讼时效的抗辩，原告就负担举证责任，证明其提起的诉讼请求没有超过诉讼时效。②以法典的章节标题以及与此相对应的具体规定为依据来识别。如《民法总则》第六章就民事法律行为的成立、变更、消灭分别有具体规定，第 143 条规定的民事法律行为成立的三个法律构成要件就是主张民事法律行为成立的当事人应承担举证责任的证明对象。③以但书规定为依据识别。④以抗辩权规定为依据识别。抗辩权规定通常是阻止权利行使的规定，如《合同法》第 82 条、第 85 条，〔1〕还有一些过错推定规定也属这一类，如《合同法》第 303 条也可按这一类来分配举证责任。〔2〕另外有一些类似但书规定或例外情况的抗辩（未明示）也属该类情况。

（四）依据司法解释分配证明责任

在适用民事法律的过程中，最高人民法院作出了大量的司

---

〔1〕《合同法》第 82 条规定：“债务人接到债权转让通知后，债务人对让与人的抗辩，可以向受让人主张。”第 85 条规定：“债务人转移义务的，新债务人可以主张原债务人对债权人的抗辩。”

〔2〕《合同法》第 303 条规定：“在运输过程中旅客自带物品毁损、灭失，承运人有过错的，应当承担损害赔偿责任。旅客托运的行李毁损、灭失的，适用货物运输的有关规定。”

法解释，其中一些司法解释含有分配证明责任的条款。例如，2000年11月颁布的《关于审理票据纠纷案件若干问题的规定》（已被修改）第9条规定："票据诉讼的举证责任由提出主张的一方当事人承担。……该票据的出票、承兑、交付、背书转让涉嫌欺诈、偷盗、胁迫、恐吓、暴力等非法行为的，持票人对持票的合法性应当负责举证。"2001年12月颁布的《关于适用〈中华人民共和国婚姻法〉若干问题的解释（一）》第18条规定："婚姻法第十九条所称'第三人知道该约定的'，夫妻一方对此负有举证责任。"2001年12月颁布的《证据规定》第4条对特别侵权诉讼中证明责任的分配情形作出规定，第5条对合同纠纷的证明责任分配作出规定，第6条对劳动争议案件中某些争议的证明责任分配作出规定。

最高人民法院的司法解释，是我国民事诉讼法的渊源之一，属于实质意义上的民事诉讼法。当司法解释中对证明责任分配作出规定时，理应根据解释中的规定确定证明责任的承担。

二、根据证明责任分配契约分配证明责任

证明责任分配契约，是指当事人订立的有关诉讼中证明责任分配的契约，是证据契约的一种。证据契约有狭义和广义之分，狭义指自认契约、鉴定契约、证据方法契约等，广义还包括分配证明责任的契约。分配证明责任的契约一般与合同有关，考虑到举证的难易、证明的风险，当事人有时会在订立合同之时便对某个要件事实的证明责任由哪一方负担作出约定。只要约定是公平的，该约定不违反法律禁止性规定，属当事人真实意思表示，就应尊重当事人的约定进行分配。[1]

---

〔1〕 参见最高人民法院民事诉讼法调研小组主编：《民事诉讼程序改革报告》，法律出版社2003年版，第92页。

审判实践中，民事纠纷多种多样，各种具体类型纠纷所对应的举证责任分配规范不可避免地存在不规范、不明确或者缺失的情况。当事人通过契约的形式约定举证责任分配，是弥补制定法不足的有效方法，对于纠纷的一次性解决、保障程序安定可以起到积极作用，而且证明责任分配契约是规避纠纷及高效解决纠纷的最佳选择。"举证责任分配契约在实践中已经以多种形式存在，而且对于很多纠纷而言，如果当事人在事前已经对证明责任分配问题作出约定，将有利于纠纷的避免和解决。2016 年 6 月，北京市第四中级人民法院在全市率先发出《关于有效维护金融债权解决"送达难"在合同中约定送达地址的司法建议》，建议银行、金融机构以合同约定送达地址、明确法律责任的方式解决'送达难'问题，送达责任方依照送达地址发送了文件，就视为这些文件有效送达，使债务人丧失了不诚信履约，恶意逃避送达的机会。其实这也是举证责任分配契约的一种表现形式，双方当事人在合同中明确约定送达地址，按照送达地址寄出，即完成了文件送达，证明文件没有送达的举证责任则由被送达人承担。此类举证责任分配契约的订立，使当事人无法利用举证责任的漏洞逃避法律责任。即使纠纷进入诉讼程序，法官也可按照举证责任分配契约对事实加以认定，使缺乏诚实信用理念的当事人承担应有的法律责任。"〔1〕

三、根据法官自由裁量权分配证明责任

民事案件证明问题错综复杂，新型纠纷又不断涌现，仅根据实体法的规定和最高人民法院的司法解释，还不能完全解决证明责任的分配问题，但法官却不能因此而回避作出裁判，所

---

〔1〕 赵小军："我国民事诉讼中举证责任分配契约研究"，载《证据科学》2016 年第 6 期。

以有必要用法官依据个案中的具体情形作出的裁量分配作为必要的补充。

《证据规定》第7条规定："在法律没有具体规定，依本规定及其他司法解释无法确定举证责任承担时，人民法院可以根据公平原则和诚实信用原则，综合当事人举证能力等因素确定举证责任的承担。"此条文赋予了在法律未对举证责任分配作出规定的情况下，法官所享有的自由裁量权。该规定既对裁量分配的前提条件作了设定，又对如何裁量分配作出了指导。"事实上，法官的自由裁量几乎是在每一个案件审判实践过程中都会发生的事情。因为诉讼中的每一个案件呈现在法官面前，是一些复杂的社会关系和用以证明这些关系状况的证据。"〔1〕法官在对证据的审查、判断过程中进行自由裁量无可厚非，但不可否认的是，自由裁量与法官的专业素养、道德水平等密切相关。因此，相对于前两种分配方式而言，裁量分配毕竟处于例外和补充的地位，因此限定其适用范围是必要的，裁量分配又是由法官在个案中决定证明责任的分配，所以设定一些指导原则，以保证裁量权正确运用也是必要的。

可见，法官行使自由裁量权分配证明责任是有前提限制的，即在法律没有具体规定，依《证据规定》及其他司法解释无法确定举证责任承担时；即使这种情况下，法官行使自由裁量权分配证明责任也要遵循相应的规则：

第一，"以经验法则来分配。例如经验法则可确定某事物发生并存续，若被告认为变更或消灭，则负举证责任。经验法则具有公认性，无需证明。比如：某甲去年8月1日到乙处上班做事，现主张一年工资，正常来说他一直在为乙工作，若乙认

〔1〕 杨翔："我国法官自由裁量权：存在、运行及规制"，载《湘潭大学学报（哲学社会科学版）》2016年第1期。

为只工作了两个月则由乙举证。以经验法则来分配举证责任有两种情况：一是否认对方主张之经验法则，则需提出特别之事由来反对对方经验法则所认定真实之事实证明之，如对通常不能缔结信用交易契约之买卖，应推定有当付现金之事实，如对方否认则需证明无须交付现金的特别事实；二是举证责任者之对方，故意令其举证责任者不能立证或显然困难时，而举证责任者之主张，有反对事实足可，即可推定为真实。”〔1〕

第二，“以公平或诚实信用原则来分配证明责任（以上法律规定，经验法则不能解决的情况）。当事人之间不得损人利己，应维护正常的诉讼秩序；当事人与社会之间，当事人不得通过自己的活动损害第三人和社会的利益，必须以符合其社会和经济目的的方式行使自己的权利；法官与当事人之间，法官应自觉凭良心公正判案，不偏袒任何一方。被告应对其所能控制的危险领域中的事实负担举证责任。因为被害人无法了解属加害人控制的危险领域中的事件，常处于无证据状态，加害人易了解事件提出证据。对方当事人违反诚信原则，实施妨害证明的行为时，证明责任应由该当事人承担。以公平或诚实信用原则来分配举证责任还体现在以证据的距离、举证的难易来分配举证责任，即易于获得证据的当事人，就该事实之存否负举证责任。”〔2〕

综上所述，在整个证明责任的分配体系涉及的众多因素中，应按照第一顺位，实体法及相关司法解释的规定；第二顺位，证明责任分配契约；第三顺位，法官自由裁量权，来进行证明责任的分配。

---

〔1〕 程春华：“举证责任分配、举证责任倒置与举证责任转移——以民事诉讼为考察范围”，载《现代法学》2008年第2期。

〔2〕 程春华：“举证责任分配、举证责任倒置与举证责任转移——以民事诉讼为考察范围”，载《现代法学》2008年第2期。

证明责任的倒置

第一节　证明责任倒置概述

一、证明责任倒置的含义

民事诉讼法学界对证明责任倒置的含义有着多种观点，具体包括以下几种：

第一种观点认为，证明责任倒置是指在法定情形下，不按照证明责任分配规则确定某个案件中的证明责任的分配，而实行相反的分配规则，将原来由一方当事人负担的证明责任转由另一方当事人承担。第二种观点认为，证明责任倒置就是法律要件分类说的例外。比如："真正意义上的举证责任倒置，应当是不依据法律要件分类说进行举证分配的结果，或者说是对法律要件分类说反其道而行之的结果。"〔1〕第三种观点认为，证明责任倒置是"谁主张，谁举证"原则的例外。比如："举证责任倒置是对一方事人提出的权利主张由否定其主张成立的或者否定其部分事实构成要件的对方当事人承担举证责任的一种证明责任的分配形式。它是基于现代民法精神中的正义和公平而对

〔1〕 李国光主编：《最高人民法院〈关于民事诉讼证据的若干规定〉的理解和适用》，中国法制出版社 2002 年版，第 74 页。

传统的‘谁主张，谁举证’原则的补充、变通和矫正。”[1]第四种观点认为，证明责任倒置的含义应当是，当事人对提出的诉讼请求所依据的事实或者反驳对方的诉讼请求所依据的事实不承担证明责任，而由否认的当事人承担相反事实的证明责任。

上述观点虽有所不同，但有两个方面是相同的：

其一，都认为证明责任倒置是证明责任分配一般原则的例外。因此笔者认为，证明责任倒置作为用来概括和评价现行的证明责任分配制度的专门术语，应当定位为对《证据规定》和《司法解释》确立的证明责任分配一般原则的例外。

其二，证明责任倒置与法律要件分类说有着密切的联系，但并不是根据法律要件分类说确定的，他所依据的主要是“危险领域说”。

因为，笔者认为，我国法律及司法解释确定的证明责任的倒置具有危险领域说所要求的特征，灵活地、多元地进行证明责任的分配，实现对受害人的权利救济和实质正义。例如在环境污染引起的损害赔偿诉讼中，因其符合危险领域说认为的损害原因和主观过错均属于加害人所能控制的危险领域，由加害人就法律规定的免责事由及其行为与损害结果之间不存在因果关系承担举证责任，而不是像一般原则一样由受害人对损害行为和损害结果间的因果关系进行举证。

综上，笔者认为证明责任倒置的含义应为：按照法律要件分类说在双方当事人之间分配证明责任后，对依此分配结果原本应当由一方当事人对某法律要件事实存在负证明责任，转由另一方当事人就不存在该事实负证明责任。

---

〔1〕 最高人民法院民事审判第一庭：《民事诉讼证据司法解释的理解和适用——最高人民法院司法解释理解与适用 13》，中国法制出版社 2002 年版，第 33 页。

二、证明责任倒置的特征

（一）证明责任倒置，是对结果责任的倒置，因此也可称之为客观举证责任的倒置

因为行为责任本身便可以在当事人双方之间交替转移，一方当事人经过积极的举证行为，达到一定程度后，这种提供证据的责任就又回到了原来承担这一行为责任的那一方当事人。在民事诉讼中，这种在双方当事人间提供证据的责任的转移已经是司空见惯的现象了。因此，之所以称举证责任倒置是特殊规则，特殊之处便在于倒置的是结果责任。

而且，凡是进行证明责任倒置的，倒置的均是法律要件事实。民事诉讼中的证明对象分为三个层次——法律要件事实、间接事实和辅助事实。尽管上述三个层次的事实均属证明对象，但证明责任分配针对的是法律要件事实，是将不同要件事实的败诉风险在双方当事人之间分配。倒置的对象与分配相同，因而倒置是要件事实败诉风险的倒置。依照我国民法理论中的通说，一般侵权责任由损害结果、违法行为、因果关系、过错四个要件事实构成，特殊侵权责任主要为无过错责任，由除过错以外的其余三个要件事实构成，实行证明责任倒置，倒置的是因果关系和过错这两个要件事实。

可见，证明责任倒置的是法律要件事实败诉的风险。

（二）证明责任倒置是对证明责任分配一般规则的局部修正

从逻辑上说，倒置必定是相对于正置（证明责任分配一般规则）而言的，因此只有先明确什么是证明责任的正置（证明责任分配一般规则），才有可能进一步分析和说明证明责任倒置问题。如果说按照一定的原则对证明责任进行分配所产生的结果是证明责任的正置的话，通过对正置结果进行调整而形成的

不同于正置结果的相反情形则为证明责任的倒置，可见，证明责任倒置实际上是对正置结果的局部修正，也可以说是证明责任的第二次分配。

因此，在证明责任倒置的案件类型中关联方（通常指被告）承担的证明责任是具体的，这种具体事实是法律规定由其承担证明责任的关键；是部分的，不是整个诉讼当中的全部证明责任。也就是说，除有关事项经法律特殊规定由对方当事人承担证明责任以外，其余部分的证明责任仍由当事人根据一般原则来承担。

证明责任倒置规则，相对于证明责任的正置规则，是属于法定分配举证规则的一种特殊情形，其将本属于原告证明的部分责任倒置性地分配给了被告，由本不负有证明责任的被告来承担某项举证责任。

在大陆法系的德、日等国，主要是依据罗森贝克的法律要件分类说在双方当事人之间分配证明责任的，按照上述学说获得的分配结果便是证明责任的正置。倒置是相对于这一正置结果而言的，是对正置结果调整后获得的不同于正置的分配。

（三）证明责任倒置会产生程序和实体双重效果

程序法上的后果是显而易见的，实行证明责任倒置后，被告的主张与举证负担都会在诉讼过程中清晰地表现出来。实体法上的后果则是潜在的，并且实际发生与否具有相当大的不确定性。事实若获得了证明，实体法上的后果就不会发生，事实处于真伪不明状态，败诉风险才会转化为实际的败诉后果。但是，如果待证事实本身是证明起来难度相当大的事实，倒置证明责任也就接近于倒置了实体法上的败诉后果。

三、实行证明责任倒置的原因

在诉讼法上通常使用的证明规则是“谁主张，谁举证”，但凡常事就会有例外，事物的发展总会有一些特殊情况，如果在诉讼中遇有特殊情况却还采用通常的证明规则，那将会在实际上损害原告一方的合法权益，造成事实上的不公平后果。证明责任的倒置是证明责任分配规则中的一种特殊的处置方式，它体现了实事求是、按照事物的客观规律办事的原则。

证明责任的倒置通常发生在侵权诉讼当中，但并非是将所有的证明要件转由被告一方负担，而是根据法律的规定以及相关侵权行为的属性将证明责任中的部分构成要件转由被告负担。

法律要件分类说本身固有的缺点在于，其只是拘泥于法律条文对权利规定的形式要件上，而无法顾及这种形式要件上的硬性责任配置是否完全能体现法律对公平或权利救济上的价值因素。随着现代社会商品经济的突飞猛进，这种弊端暴露得极为明显。应运而生的危险领域说的最大优势就在于，它在并不否认法律要件分类说的主要功能的情况下，旨在强调应对一些特殊情形下的侵权行为，将举证的难易程度、与证据的远近距离以及是否有利于损害的预防和救济，作为证明责任配置应当加以重点考量的范畴。这种学说的实际功能旨在使法律要件分类说在证明责任的分配上产生转换效果，以减轻侵权行为受害一方的证明负担。事实上，许多国家的立法已顾及了与法律要件分类一般规则不同的一些情况应采用相应的例外规则，这就是人们通常所说的证明责任的倒置规则。

另一方面，倒置证明责任也是为了使证明责任的分配能够更好地适应社会生活中出现的新问题。40 多年的改革开放使中国人民普遍享受到现代化建设带来的物质和精神文明的成果，但现代化进程中一些不可避免的社会问题也接踵而来。如环境污染问题、产品责任问题、道路交通事故问题。这些问题向现存的法律制度和法学理论提出了挑战。为了有效地调整伴随着这些问题而出现的新的社会关系，法律自身需要作相应的调整。倒置证明责任便是调整的一项重要措施。通过倒置证明责任使法律能够顺利地解决很多新出现的社会问题。

具体来说，倒置证明责任分配有以下几个原因：

（一）在必要性上应通过公正的程序规则来实现实体真实

在特定的情况下，设置证明责任分配的特殊规则有利于查明案件事实。

（二）有利于确保诉讼地位平等和贯彻公平原则

在诉讼中，当事人的举证能力是有区别的，它取决于证据距离、取证能力、证据所持等因素的影响。因此，①当举证责任的承担者远离证据材料而又缺乏必要的取证条件与手段，相对方却占有或接近证据材料，有条件有能力收集证据时，就应当考虑举证责任的重新分配，实行举证责任的倒置；②如果承担举证责任的当事人从人力、物力、财力及专业知识，技术能力，检测手段等方面来说都明显不如相对方时，应实行举证责任的倒置，如环境污染案件；③当一些重要的证据被负证明责任一方的相对方掌握或控制时可能会出现故意或过失将这些证据灭失的情况，此时，也应考虑证明责任的倒置。

（三）基于立法上的考虑

证据法是从程序法的角度来贯彻和实现实体法上立法者的特定意图。就各种社会利益集团与个人利益保护的优先性而言，法律在体现一视同仁的前提下，为了实现特定价值的衡平，不得不更加顾及保护弱者的权利，以维护法律正义上的最高价值，在诉讼上实行举证责任的倒置，则在相当程度上考虑了这一因素。

综上所述，证明责任分配体系的构建是合乎“法治”目标对于法的安定性的要求，也就是说有必要存在“一般原则”来满足为证明责任寻求普遍性规定，但宪法所要求的实质正义又不可忽视，因此提出“一般”（规范说）与“例外”（危险领域说）双重模式的证明责任分配体系：区分证明责任分配一般原则和证明责任减轻，以前者为原则，后者为例外。因此，证明责任倒置制度对于完善我国证明责任分配规则体系，具有十分重要的作用，是非常必要的。

第二节　对《证据规定》第4条的评析及倒置规则的确定

一、对《证据规定》第4条的评析

《证据规定》规定了四类案件中的证明责任分配。《证据规定》对特殊侵权、合同争议、代理争议、劳动争议四类案件中证明责任分配的标准作了规定。按照规范说，证明责任分配的标准是在实体法中预制的，在程序法上需要做的是按照实体法规范的基本规范和对立规范的关系，分清需要由权利主张者证明的法律事实和需要由权利否定者证明的法律事实，即程序法是不对证明责任分配作任何规定的。《证据规定》第4条对八类特殊侵权案件证明责任分配标准作出了规定，虽然不够完善，但解决了一些相对比较复杂的案件的证明责任分配问题。第5条比较准确地按照规范说对合同争议和代理争议中的证明责任分配标准问题作出了规定。第6条关于劳动争议案件中证明责任的分配也是具有实践意义的开拓性的规定。这四类案件基本涵盖了民事诉讼的所有案件类型（一般侵权除外）。对这四类案件证明责任分配标准的规定充分体现了规范说的思想，也表明了法律规范成为我国最重要的证明责任分配依据。

理论界争议最大的是《证据规定》第 4 条对八类特殊侵权案件证明责任分配标准的规定。争议的焦点是第 4 条的规定究竟是不是举证责任倒置。原最高人民法院副院长曹建明认为这是对八类侵权诉讼中应当如何适用举证责任倒置的具体解释。最高人民法院民事审判第一庭在《证据规定》的起草说明中以及就该司法解释的答记者问中阐述了同样的观点。对此，有学者认为将八类侵权诉讼证明责任分配的规定都概括为证明责任的倒置是不准确的。笔者也持相同的观点，下面我们就对这八条规定进行详细的分析：

（一）因新产品制造方法发明专利引起的专利侵权诉讼

由侵权人对其产品制造方法不同于专利方法承担证明责任。这一项属于证明责任倒置，本来按照规范说的原理，应当由请求权人（专利人）就相对方的制造方法侵犯了自己的专利（权利发生要件事实）承担证明责任，但考虑到证据处于侵权人的控制之下，请求权人难以证明，所以进行了倒置。

（二）高度危险作业致人损害的侵权诉讼

由加害人就受害人故意造成损害的事实承担证明责任，受害人故意造成损害（权利消灭要件事实）对加害人有利，按照规范说的原理本来就应该由加害人承担证明责任，不属于倒置。

（三）因环境污染引起的损害赔偿诉讼

由加害人就法律规定的免责事由及其行为与损害结果之间不存在因果关系承担证明责任，这条规定属于一半正置，一半倒置。按照规范说的原理，免责事由（权利消灭要件事实）由加害人（对其有利）承担证明责任，而加害人行为与损害结果之间的因果关系（权利发生要件事实）应当由受害人承担证明责任，但是考虑到受害人的证明困难，进行了倒置。

（四）建筑物或者其他设施以及建筑物上的搁置物、悬挂物发生倒塌、脱落、坠落致人损害的侵权诉讼

由所有人或者管理人对其无过错承担证明责任。这条属于倒置，按照规范说的原理，加害人的过错（权利发生要件事实）由受害人承担证明责任，但考虑到此类案件性质特殊，受害人举证困难，进行了倒置。

（五）饲养动物致人损害的侵权诉讼

由动物饲养人或者管理人就受害人有过错或者第三人有过错承担证明责任，按照规范说的原理，受害人的过错和第三人的过错属于对加害人有利的法律要件事实，由其承担证明责任，不属于倒置。

（六）因缺陷产品致人损害的侵权诉讼

由产品的生产者就法律规定的免责事由承担证明责任，按照规范说的原理，免责事由（权利消灭事实）对生产者有利，由其承担证明责任，也不属于倒置。

（七）因共同危险行为致人损害的侵权诉讼

由实施危险行为的人就其行为与损害结果之间不存在因果关系承担证明责任。这条规定属于倒置，按照规范说的原理，危险行为人的行为与损害结果之间的因果关系（权利发生要件事实）应当由受害人承担证明责任。

（八）因医疗行为引起的侵权诉讼

由医疗机构就医疗行为与损害结果之间不存在因果关系及不存在医疗过错承担证明责任。这条规定属于倒置，按照规范说的原理，医疗行为与损害结果之间的因果关系及医疗过错（权利发生要件事实）应当由受害人承担证明责任。

根据上面的分析可以看出《证据规定》第 4 条并不全都是证明责任倒置的规定。

二、证明责任倒置规则的确立

综上可见，《证据规定》第4条并不全都是证明责任倒置的规定，笔者认为，属于证明责任倒置的规定包括：因新产品制造方法发明专利引起的专利侵权诉讼，因环境污染引起的损害赔偿诉讼，建筑物或者其他设施以及建筑物上的搁置物、悬挂物发生倒塌、脱落、坠落致人损害的侵权诉讼，因共同危险行为致人损害的侵权诉讼及因医疗行为引起的侵权诉讼。

但对此，也有学者持不同意见：

第一，“对证明责任倒置提出了质疑，在他们看来，我国一般证明责任分配规则都没有确立，谈何证明责任倒置。证明责任倒置是为了缓减在现代大工业背景下受害人证明案件事实的显著困难而设立的，在我国民事诉讼中，证明责任倒置是与特殊侵权行为密切相关的。在一定程度上可以说，特殊侵权诉讼是应该证明责任倒置的，只有这样才能有效保护受害者。我国虽然没有明确的证明责任分配规则，但学界对于规范说的通说地位并无多少异议，否认证明责任倒置是不可能的，除非否认特殊侵权的存在。当然任何制度都有其适用范围，证明责任倒也不例外，必须承认不是所有的特殊侵权都能适用证明责任倒置。”〔1〕

第二，“《证据规定》第4条列举的案件类型的证明责任的分配，在实体法上大多是有据可循的；某一事实的证明责任之所以分配给某一方当事人，大多是因为根据相关实体法的规定，该事实正是当事人主张的实体法律效果赖以成立的事实。”〔2〕比

〔1〕 姚晓：“论证明责任分配的依据”，山西大学2012年硕士学位论文。

〔2〕 翁晓斌：“论我国民事诉讼证明责任分配的一般原则”，载《现代法学》2003年第4期。

如，我国《侵权责任法》第 73 条规定：“从事高空、高压、地下挖掘活动或者使用高速轨道运输工具造成他人损害的，经营者应当承担侵权责任，但能够证明损害是因受害人故意或者不可抗力造成的，不承担责任。被侵权人对损害的发生有过失的，可以减轻经营者的责任。”按照这一规定，在高度危险作业引起的损害导致的诉讼中，“受害人故意造成损害”这一事实就是加害人反驳受害人要求赔偿的诉讼请求赖以成立的事实。即使不考虑《证据规定》第 4 条的规定，仅根据证明责任分配一般原则，“受害人故意造成损害”这一事实的证明责任也是由加害人承担的，和按照《证据规定》第 4 条进行的分配如出一辙。因此，相对于证明责任分配的一般原则而言，《证据规定》第 4 条就高度危险作业致人损害的侵权诉讼所作的专门的规定，并不构成例外，即不构成“倒置”，不过是一般原则的具体化而已。至于其他七类案件证明责任分配的专门规定，也大多是证明责任分配一般原则的具体化，而不是举证责任倒置。简言之，因新产品制度方法发明专利引起的专利侵权诉讼的证明责任的分配，环境污染致人损害的侵权诉讼中“免责条件”的证明责任分配，建筑物或者其他设施以及建筑物上的搁置物、悬挂物发生倒塌、脱落、坠落致人损害的侵权诉讼的证明责任分配，饲养的动物致人损害的侵权诉讼的证明责任分配，因产品缺陷致人损害的侵权诉讼的证明责任分配，都可以从相关的实体法中找到相应的依据，因此都是证明责任分配一般原则的具体化，不构成举证责任倒置。至于因共同危险行为致人损害的侵权诉讼的证明责任分配虽然没有直接的实体法依据，但是仍然应当视为根据实体法的分配。根据现代民事侵权理论和民法的基本原则，为了保护受害人的合法权利，考虑到共同危险人的共同过失，法律上将全部共同危险人看作一个整体，不要求受害人对谁是真正的加害人进行证明，法院也不依职权确认谁是确切的加害人，而判决所有的共同危险人对损害后果承担连带责任。据此，就受害人获得赔偿的权利而言，共同危险行为导致其受到损害为权利根据要件事实，而个体的行为与损害结果之间没有因果关系则是权利障碍要件事实。因此，在受害人提起的诉讼中，根据证明责任分配的一般原则，其行为与损害结果没有因果关系的事实属于被告反对诉讼请求所依据的事实，应当由每一个加害人负证明责任。这一分配方法出现在《证据规定》中，是根据前述理论理解和解释实体法的结果，而不是用证明责任的分配去改变或偏离实体法的规定。换句话说，《证据规定》关于共同危险致人损害的侵权诉讼的证明责任分配的规定，其依据仍然是实体法，只不过是经过解释的实体法而已。既然如此，该证明责任分配规则仍然是证明责任分配一般原则的具体化。

“《证据规定》第 4 条中真正构成证明责任分配一般原则的例外即所谓举证责任倒置的，只有因环境污染引起的损害赔偿诉讼中的因果关系的证明责任分配和因医疗行为引起的侵权诉讼中的因果关系及医疗过错的证明责任分配。按照实体法，侵权行为导致了损害结果的发生是受害人获得赔偿的权利成立的前提条件，那么按照证明责任分配的一般原则，受害人应当证明因果关系的成立。但是，就环境污染致人损害的侵权诉讼和医疗行为引起的侵权诉讼而言，受害人要证明因果关系成立，难度极大，这一点在学术和实务界都早有共识。此外，按照实体法的规定，医疗纠纷案件适用过错责任原则，即只有在医疗单位有过错的前提下，受到损害的患者才能要求前者赔偿。因此，按照证明责任分配的一般原则，患者应当证明医疗单位有过错的事实。然而，患者通常无法证明医疗单位的过错也是不争的事实。这就意味着，如果一律按照证明责任分配一般原则来分配证明责任的话，那么因环境污染和医疗事故受到损害的当事人的权利很难得到保护。为了体现法律的公平，在证明责任的分配上就需要特别对待，放弃一般原则的适用，即在因环境污染致人损害的诉讼中，由否认因果关系成立的致害人承担证明责任，在因医疗事故引起的损害赔偿诉讼中，则由否认因果关系或自己有过错的医疗单位承担证明责任。"〔1〕

上述观点认为，《证据规定》第4条列举的案件类型的证明责任的分配，在实体法上大多是有据可循的；某一事实的证明责任之所以分配给某一方当事人，大多是因为根据相关实体法的规定，该事实正是当事人主张的实体法律效果赖以成立的事实。该观点存在两个方面的问题：首先，自相矛盾。因为该观点认为只要实体法上有据可循，就不属于证明责任的倒置，但因环境污染引起的损害赔偿诉讼、医疗行为引起的侵权诉讼中的证明责任分配在我国《侵权责任法》也已作出规定，就不应属于证明责任的倒置；其次，证明责任分配规则会产生程序和实体双重效果，证明责任的倒置也是如此，不能仅根据实体法的规定来确定证明责任的分配规则，证明责任的分配规则是一个复杂的问题，涉及多重因素，是一个完整的分配体系。仅根据实体法的规定来确定证明责任的分配规则是非常片面的，也是不科学的。

当然，举证责任倒置的情况并不完全都是侵权责任类案件，如《消费者权益保护法》第23条第3款也是举证责任倒置的规定，由经营者承担有关瑕疵的举证责任。在这里需要补充的是，这条规则只适用于机动车等耐用品和装修装潢等服务，并且只

〔1〕 翁晓斌："论我国民事诉讼证明责任分配的一般原则"，载《现代法学》2003年第4期。

在 6 个月以内才会产生效力，如果超过了这一期限则不再适用，其他商品或服务瑕疵在举证责任分配上仍适用一般规定。另外在劳动争议中也有举证责任倒置的情况，《工伤保险条例》第 19 条规定在发生相关劳动争议时，由用人单位负举证责任。

第三节　我国实行证明责任倒置的侵权诉讼

《证据规定》在第 4 条对八类侵权诉讼证明责任的分配规则作了规定，与现在已废止的《最高人民法院关于适用〈中华人民共和国民事诉讼法〉若干问题的意见》相比，同时增加了共同危险行为致人损害和医疗行为致人损害两类侵权诉讼。另外，《证据规定》第 4 条第 2 款又规定："有关法律对侵权诉讼的举证责任有特殊规定的，从其规定。"这就是说，除了《证据规定》就八类侵权诉讼的证明责任分配作出专门规定外，其他有关法律凡涉及对侵权诉讼的证明责任进行特别规定的，应当适用有关的法律规定。

根据《证据规定》第 4 条的规定及上文所述的导致证明责任倒置的因素，我国应实行证明责任倒置的侵权诉讼主要有：

一、因新产品制造方法发明专利引起的专利侵权诉讼

（一）法律规定

《专利法》第 61 条规定："专利侵权纠纷涉及新产品制造方法的发明专利的，制造同样产品的单位或者个人应当提供其产品制造方法不同于专利方法的证明。"据此《证据规定》第 4 条第 1 款第（一）项作出了相应规定："因新产品制造方法发明专利引起的专利侵权诉讼，由制造同样产品的单位或者个人对其产品制造方法不同于专利方法承担举证责任。"

这是实体法规定证明责任倒置的典型例证。按照证明责任分配的一般规则，原告既然指控被告使用了他的获得专利的产品制造方法，就应当对所主张的事实负证明责任。但如果这样，专利权人就鲜有胜诉的可能。因为专利权人远离证据，他无权擅自进入被告的企业，无权在被告的企业中调查了解，难以收集处于被告控制之下的使用其专利方法生产的证据。而对于被告来说，究竟使用何种方法生产，自己最清楚，被告可轻而易举地提出证据来证明该项产品不是用专利方法而是用其他方法生产的。这样，本来应当由原告负担的被告未经许可使用其产品制造方法发明专利的证明责任便转换于被告，由被告就自己未使用原告的专利方法负证明责任。

（二）证明责任的分配

需要指出，实行证明责任倒置后，原告并非不再举证，只是举证变得较为容易而已。根据此规定，在侵犯产品制造方法发明专利权的诉讼中，如果原告（专利权人）主张被告侵犯其产品制造方法发明专利权，原告只需对被告的产品与自己按照专利方法生产的产品相同负证明责任，而被告则要就自己未使用原告的专利方法而生产出了相同产品负证明责任。如果被告否认使用了原告的专利方法，就应当提供其产品制造方法的证据，以证明自己的产品与原告的产品并非是采用相同的专利方法生产出来的；如被告不能提供相应的证据，就将被认为侵犯他人产品制造方法的发明专利权。

二、因环境污染引起的损害赔偿诉讼

（一）环境污染责任概念

所谓环境，按照《环境保护法》第 2 条的规定，是指影响人类生存和发展的各种天然的和经过人工改造的自然因素的总体，包括大气、水、海洋、土地、矿藏、森林、草原、湿地、野生生物、自然遗迹、人文遗迹、自然保护区、风景名胜区、城市和乡村等。

环境污染，是指人类直接或间接地向环境排放超过其自净能力的物质或能量，从而使环境的质量降低，对人类的生存与发展、生态系统和财产造成不利影响的现象。环境污染会导致环境发生化学、物理、生物等特征上的不良变化，从而影响人类健康和生产生活，影响生物生存和发展的现象。换言之，环境污染是由人类活动引起的，自然过程本身导致的环境质量下降属于自然灾害，不属于环境污染责任的调整范围。此外，环境污染导致的环境质量下降，一般必须达到对人类的生存与发展、生态系统和财产造成不利影响的程度。环境污染的形式既包括水污染、大气污染、噪音污染等传统的污染形式，还包括光污染、辐射污染等新型的污染形式。〔1〕环境污染的历史比较悠久，人类社会从产生起就会向环境排放污染物，但是在科技革命以前，人类生产力低下，对自然界的改造能力极为有限，环境污染并没有成为严重的社会问题。但科技革命以后，随着科学技术的不断发展，人类干预自然能力的不断提高，人类干预自然的深度和广度不断扩展，人类对环境的影响也就越来越大，环境污染也就逐渐成为严重的社会问题。因此，对环境污染进行有效的法律规制，防治环境污染就成了各国的共识。

环境污染责任，是指实施污染环境的行为造成他人损害应当依法承担的民事责任。我国学界曾有许多学者使用“环境损害的民事责任”“环境侵权责任”等术语，因此，对此种民事责

〔1〕 参见于敏：《日本侵权行为法》，法律出版社 2006 年版，第 323 页。

任的内涵，学界存在不同理解。一种观点认为，此种民事责任就是环境污染责任，环境污染以外的生态破坏不属于此种民事责任的范畴。另一种观点认为，环境侵权行为包括生态破坏和环境污染，因此此种民事责任应当包括环境污染引起的侵权责任和生态破坏引起的侵权责任；我国《侵权责任法》对污染采取了广义的界定，认为“对生物多样性的破坏、破坏生态环境和自然资源造成水土流失等生态环境的污染也属于环境污染”〔1〕。当然，只有在生态破坏也损害他人民事权益时，才得适用环境污染责任。

（二）关于环境污染责任的法律规定及证明责任的分配

我国《侵权责任法》对环境污染责任的承担及证明责任的分配作了相应的规定，具体包括，第 65 条：“因污染环境造成损害的，污染者应当承担侵权责任。”第 66 条：“因污染环境发生纠纷，污染者应当就法律规定的不承担责任或者减轻责任的情形及其行为与损害之间不存在因果关系承担举证责任。”第 68 条：“因第三人的过错污染环境造成损害的，被侵权人可以向污染者请求赔偿，也可以向第三人请求赔偿。污染者赔偿后，有权向第三人追偿。”

《证据规定》第 4 条第 1 款第（三）项就证明责任的分配作了明确的规定：“因环境污染引起的损害赔偿诉讼，由加害人就法律规定的免责事由及其行为与损害结果之间不存在因果关系承担举证责任。”

因环境污染引起的民事责任一般属无过错责任，因而被告是否有故意和过失不再是诉讼中证明的对象。但是，即使造成了损害，如果存在着法律规定的免责事由，被告仍可免于承担

---

〔1〕 王胜明主编：《中华人民共和国侵权责任法解读》，中国法制出版社 2010 年版，第 325 页。

责任。例如，《水污染防治法》第96条规定：“由于不可抗力造成水污染损害的，排污方不承担赔偿责任；法律另有规定的除外，水污染损害是由受害人故意造成的，排污方不承担赔偿责任。水污染损害是由受害人重大过失造成的，可以减轻排污方的赔偿责任。”

此类侵权案件中，由于受害人往往因受科学知识或技术手段的限制，对污染的发生和危害程度难以有准确的认识和了解，由受害人提供证据来证明自己所受损害以及损害程度在客观上确实存在相当的难度和实际障碍。因此，原告只需对环境污染所造成的损害后果存在的事实、被告有污染行为、损害与污染之间存在因果关系承担证明责任，但考虑到原告一般难以证明损害与污染之间存在因果关系，同时也为了提高原告求偿的成功率，应当采取证明责任倒置的办法，由被告对不存在因果关系负证明责任。因此作为被告的加害人就法律所规定的免责事由以及其行为与损害结果之间不存在因果关系的事实承担证明责任。所谓免责事由，是指加害人可以据以不承担相应民事责任的法定情形或其他正当理由。所谓因果关系，是指人们从长期实践经验当中所总结出来的就前后两种现象之间所存在着的带有内在规律性的一种必须联系，根据经验来看，如果前一现象的发生必然导致后一种现象出现，这么这两种现象之间就存在因果关系，其中，前一种现象就是原因事实，后一种现象就是结果事实。

（三）污染环境的行为与损害之间因果关系的思考

1. 环境污染引起的损害赔偿诉讼实行证明责任倒置的原因

在无过错责任中，决定行为人承担责任的依据或理由是行为（物）与损害结果之间的因果关系。因此，环境污染侵权责任中，因果关系就具有重要的意义。决定环境污染致人损害诉

讼成立与否的最重要的焦点是原因和损害之间的因果关系。〔1〕

作为环境污染责任构成要件的因果关系，是指污染环境的行为与环境污染致人损害的事实之间具有因果关系，受害人的损害是由行为人污染环境的行为造成的。

在侵权责任的构成要件中，加害行为与损害结果之间的因果关系属权利发生规范的法律要件事实，因此通常情况下应由原告对此要件进行举证，且证明标准必须达到高度盖然性的标准方可视为完成举证责任。然而，由于环境污染侵权案件中因果关系要件的证明难度极大，有时甚至在科学上是无法完成的，再加之环境污染受害者作为弱势群体欠缺相应的资金与技术实力去完成因果关系的举证，因而让原告承担因果关系的举证责任意味着原告在无力举证的情况下只能承担举证不能的败诉后果，而这恰恰违背了举证责任分配所遵循的公平正义原则。为了改变原告在环境污染侵权诉讼中的不利地位，基于保护弱者这一公平正义理念，我国立法上采取了举证责任倒置的方式，将排污行为与损害结果之间因果关系的举证责任倒置给处于优势地位的污染者承担。〔2〕

2. 因果关系推定下的证明责任分配

我国《侵权责任法》第66条规定：“因污染环境发生纠纷，污染者应当就法律规定的不承担责任或者减轻责任的情形及其行为与损害之间不存在因果关系承担举证责任。”该条以明确的法律规定，明示了环境污染侵权案件中证明责任的特殊分配规则。

司法实务中，法官在运用此特殊的证明责任分配规则时，需特别注意的是，环境污染侵权纠纷的因果关系推定并非完全

〔1〕 参见［日］原田尚彦：《环境法》，于敏译，法律出版社1999年版，第26页。

〔2〕 参见吕忠梅：《环境法导论》，北京大学出版社2010年版，第223页。

排除受害方的证明责任，受害方作为权利请求权人除要证明有违法行为、损害结果外（环境污染侵权纠纷采无过错归责原则，故行为人主观上有无过错已不是证明对象），仍需证明违法行为与损害结果之间存在可能性，对形式上的因果关系进行证明，即盖然性举证〔1〕。易言之，“只要证明‘如无该行为，就不致发生此结果’的某种程度的盖然性（或然性），即可推定因果关系的存在。”〔2〕被告若不能证明因果关系之不存在，则视为因果关系存在，以此实现证明责任的转移。

3. 污染环境的行为与损害之间因果关系的反思

按照我国相关法律和司法解释的规定，当环境污染侵权案件的原告完成了加害行为与损害结果这两个责任构成要件的举证责任后，即可以“推定”被告的加害行为与损害结果之间存在因果关系，如果被告不能有效证明因果关系不存在，则之前的“推定”视为成立。在这一证明过程中，原告需要对加害行为与损害结果这两个要件进行举证，当举证完成后，即可“推定”二者之间存在因果关系。

因此，举证责任倒置中的“推定”不是一个结构完整的推定，与其说举证责任倒置规定是一种“推定”，不如说举证责任倒置是“立法者对因果关系这一责任构成要件的举证责任分配规范”〔3〕。但由于这种举证责任的分配缺乏一定的科学和逻辑基础，承担因果关系不存在的举证责任的被告也极有可能不是真正的加害人，这导致法院在适用举证责任倒置规定解决环境

〔1〕 盖然性举证理论类似于德国在环境责任中采取的“肇因适合理论”，该理论认为：受害人也必须对“肇因适合引发损害”进行证明，不过证明标准远远低于完全确信的尺度，只需高于表见证明的证明度即可。

〔2〕 徐以祥：“论环境民事侵权的证明责任”，载《现代法学》2002 年第 5 期。

〔3〕 参见王社坤：“环境侵权因果关系推定理论检讨”，载《中国地质大学学报（社会科学版）》2009 年第 2 期。

污染侵权案件时，往往极为谨慎，有时甚至拒绝或排斥适用举证责任倒置规则。

如前所述，对于我国《侵权责任法》第66条的规定，确有充足理由认为其是对证明责任倒置规则的立法肯定，于是，通常采文义解释方法将其理解为：在环境侵权诉讼中原告只需对侵害行为与损害结果承担举证责任，在此基础上即推定因果关系成立，转而由被告对因果关系不存在承担证明责任，笔者暂且将此称为绝对的（完全的）证明责任倒置。然而，此种立法解释早已和司法实践渐行渐远。据不完全统计，完全机械地适用证明责任倒置规则的案件仅占1.9%。〔1〕因为法院在审理环境侵权案件过程中，或依旧遵循证明责任的一般举证责任分配规则，让原告承担因果关系的证明责任；或对证明责任倒置规则予以变通，由原告对因果关系存在可能性证明的前提下推定因果关系成立，转而再由被告承担因果关系真伪不明时的不利法律后果，与绝对的（完全的）证明责任倒置对应，可称其为相对的（缓和的）证明责任倒置。

在证明责任倒置被我国《侵权责任法》确立之后，化解立法和司法实践矛盾的根本出路即在于对证明责任倒置规则适用的前提——因果关系推定方法作何种解释。在法律仅规定污染者应当对行为与损害之间不存在因果关系承担举证责任的情形下，绝对的证明责任倒置（简单认为原告方只要证明污染行为与损害结果即推定因果关系存在）的解释已通过上文一系列论述体现出的诟病而遭到摒弃，亟待寻求更合理的法律解释方法。笔者认为，采取客观目的解释论的立场解释法律不失为一项合理对策，在此过程中，解释者往往已超越立法者的意志，而以

〔1〕 参见张挺："环境污染侵权因果关系证明责任之再构成——基于619份相关民事判决书的实证分析"，载《法学》2016年第7期。

法律固有的合理性理解法律。具体到环境侵权领域，欲对《侵权责任法》第66条进行正确解读，即需从客观目的出发，考虑以下因素：①诉讼成本方面，如何科学地分配证明责任才能真正提高诉讼效率，既防止诉讼困境，又避免滥诉；②个人认识能力方面，原被告基于各自诉讼地位能在多大程度上证明环境侵权因果关系；③立法宗旨方面，立法规范环境污染侵权责任的目的何在，设立证明责任倒置规则的根本宗旨和欲实现的价值何在。三方面综合考量方能正确解读法律，以实现法律的公正与效率价值。

为此，最高人民法院颁布的《关于审理环境侵权责任纠纷案件适用法律若干问题的解释》即为我们提供了此新解释思路的范例，其第6条规定："被侵权人根据侵权责任法第65条规定请求赔偿的，应当提供证明以下事实的证据材料：（一）污染者排放了污染物；（二）被侵权人的损害；（三）污染者排放的污染物或者其次生污染物与损害之间具有关联性。"该条文明确规定在污染排放行为和损害结果的基础事实之外，原告还需附加证明污染与损害之间的关联性。司法解释正是在法律规定对因果关系推定条件不明确之时，不拘泥于对法条的形式解释，而是在总结司法经验的基础上，综合考量由个人至社会的多方面因素，作出更明确具体的实质性解释，[1]引入"关联性"这一创新性概念，以追求法律本身的合理性。从理论上如何分析这项解释，探究其是如何体现科学性、合理性的，则是我们的一项新任务。

---

〔1〕 参见张宝："环境侵权诉讼中受害人举证义务研究——对《侵权责任法》第66条的解释"，载《政治与法律》2015年第2期。

三、因建筑物或者其他设施以及建筑物上的搁置物、悬挂物发生倒塌、脱落、坠落致人损害的侵权诉讼

（一）相关法律规定及评析

（1）《证据规定》第4条第1款第（四）项规定：“建筑物或者其他设施以及建筑物上的搁置物、悬挂物发生倒塌、脱落、坠落致人损害的侵权诉讼，由所有人或者管理人对其无过错承担举证责任。”

（2）《侵权责任法》第85条规定：“建筑物、构筑物或者其他设施及其搁置物、悬挂物发生脱落、坠落造成他人损害，所有人、管理人或者使用人不能证明自己没有过错的，应当承担侵权责任。所有人、管理人或者使用人赔偿后，有其他责任人的，有权向其他责任人追偿。”第86条规定：“建筑物、构筑物或者其他设施倒塌造成他人损害的，由建设单位与施工单位承担连带责任。建设单位、施工单位赔偿后，有其他责任人的，有权向其他责任人追偿。因其他责任人的原因，建筑物、构筑物或者其他设施倒塌造成他人损害的，由其他责任人承担侵权责任。”

《证据规定》第4条第1款第（四）项的规定是在我国《民法通则》第126条的基础上，对该类侵权诉讼的证明责任的分配所作的规定。而在《侵权责任法》中对这类案件又概括为物件损害责任，也称为工作物致害责任。所谓工作物致害责任，是指工作物的所有人、管理人、使用人或建造人因其对建造或维护义务的违反，而对工作物因倒塌或脱落而致人损害所承担的侵权责任。

另外，这两条规定中实际上还包含了工作物致害责任以外的其他侵权责任，从而给人们带来不必要的误解。因此对工作物致害责任要正确地理解，其特点如下：

第一，它是因工作物的危险性而产生的责任。此种责任的基础在于工作物是巨大的危险源，工作物所有人等要为其工作物产生的、可避免的损害负责。

第二，它是不作为侵权责任。工作物所有人、管理人或者使用人承担责任的原因是其违反了建造或维护义务，属于不作为侵权。建造人（包括建设单位）实际上也是因其原所有人的身份，并因其建造义务的违反而承担责任，也属于不作为侵权。不过，施工人（包括施工单位）是因其积极的作为（即施工行为）而承担侵权责任，不属于工作物致害责任的范畴。

第三，它是工作物的所有人等承担的过错推定责任。在比较法上，各国基本上都采过错推定责任原则。工作物所有人、管理人、使用人或建造人负担过错推定责任，这既是考虑到工作物的巨大危险性，也是考虑到责任人距离证据较近。

第四，它是工作物的所有人等承担的自己责任。工作物致害责任是自己责任，所有人、管理人、使用人或建造人是因其自己的不作为而承担责任，并非是自己责任的突破。

（二）相关概念的认定

1. 建筑物和其他工作物

《证据规定》第 4 条第 1 款第（四）项及《侵权责任法》第 85 条和第 86 条都使用了“建筑物、构筑物或者其他设施”的提法。对此可以进一步划分为两类，即建筑物和其他工作物（即前述“构筑物或者其他设施”）。

所谓建筑物，是以一切结构、性状、功能和材料，经过人工建造而附着于地面上的永久性或临时性的设施。对建筑物在此应作广义上的界定，在习惯上不认为属于建筑物的，但如具有上述性质的，仍视为建筑物。

此外，在认定建筑物时还应注意，建筑物包括其组成部分在内（重要组成部分和非重要组成部分），例如门窗、花台、烟囱、升降机、各种管线等。

其他工作物，也称为其他附着于土地的工作物，是指除建筑物以外的、服务于一定的目的并附着于土地的、依一定的技术规则建造的物件、设施和装置。例如，栅栏、脚手架、电线杆、桥梁、墓碑、地槽、渠道、水井等。其他工作物的建造可能是为了长久的目的，也可能是为了暂时的目的，这并不影响其成为工作物。即使是临时附着于土地上也可以认定为其他工作物。另外，该工作物与土地结合的方式如何、结合得是否紧密，这些都不影响其被认定为工作物。

在认定工作物时，一般坚持如下几个标准：一是它们必须是对于土地的工程上的改变，所以，植物（如林木）和土地的自然状态（如使人滑倒的斜坡）就不属于工作物；二是它们必须是“建造”而成的，如树木、岩石等就不属于工作物；三是它们必须是基于人类的计划建造的，并且是人类参与的结果，例如，水冲积而成的物体，就是“自然现象”，而不是此处所说的工作物，从房顶掉下来的雪，也不属于工作物。

2. 倒塌、脱落与坠落

《证据规定》第 4 条第 1 款第（四）项及《侵权责任法》第 85 条和第 86 条涉及了“倒塌、脱落与坠落”。

所谓“倒塌”，是指建筑物因本身结构的毁坏而全部或部分倾覆坍塌。在实务中，堤坝的水闸被冲走，接着堤坝也被冲走，这就被认定为倒塌。但是，如果建筑物或其他工作物因为要重新建造或者其他原因而被拆除，则不属于倒塌。

所谓“脱落”，是指附着于建筑物上的物与建筑物相分离。例如，阳台脱落、地板脱落及窗户坠落等。

所谓“坠落”，是指搁置物、悬挂于建筑物上的物离开原物而落下。

倒塌、脱落和坠落实际上是因工作物的静力学和动力学原因而产生的危险，该危险是因其规模、动力和材料的张力而产生的。

无论倒塌、脱落和坠落是因为连接上的松动还是因为连接上的分离，无论倒塌是因为工作物内部的原因（如水管壁不够厚）还是因为外力的作用（包括工作物所有人的行为、第三人的行为或自然原因），都不影响对倒塌、脱落和坠落的认定。

（三）证明责任的分配

我国民法理论把上述物品引起的侵权责任归入特殊的侵权责任。但是，与其他特殊侵权责任不同。其他特殊侵权责任一般为无过错责任，这类侵权责任仍然是过错责任。

过错是构成一般侵权民事责任的条件，根据证明责任分配的原则，应由原告（受害人）对被告（侵害人）有过错负证明责任。但在这类诉讼中，由于《证据规定》第 4 条第 1 款第（四）项及《侵权责任法》第 85 条和第 86 条中规定的，建筑物或者其他设施的所有人或管理人能够证明自己没有过错的除外，证明责任已被倒置，原告不必再对被告有过错负证明责任。

因此，在这类诉讼中证明责任的分配为，原告应对产生实际损害后果的事实以及这种损害事实是由建筑物或其附属物的倒塌、脱落、坠落所致承担证明责任，作为被告的所有人或者管理人应就这种损害事实的发生并无过错负担证明责任。

所谓过错，在民法意义上是指，行为人在其主观意志支配下所产生的一种行为过错，包括故意和过失。在过错形式中，过失是其主要形式，它包括重大过失、一般过失和轻微过失。作为建筑物及其附属物所有人或管理人的被告应通过证明其没有过错来获得免责，为其提供证据证明其主张的事由，通常为不可抗力、受害人的过错和第三人的过错等。

四、因共同危险行为致人损害的侵权诉讼

（一）共同危险行为的概念

在民法学理上，共同危险行为又称准共同侵权行为，是指当数人共同实施了侵害他人权益的危险行为，对所造成的损害结果又无法判明究竟谁是加害人的情形。例如，有6个儿童在楼房的平台上向楼下投掷石子，其中一粒石子碰巧将楼下一行人眼睛击伤，非但受害人不知该石子究竟系哪一个儿童所投掷，就连6个儿童也不知这粒石子系谁所投掷，在这种情形下，6个儿童的行为就被视为共同实施侵害他人权益的危险行为。

按照侵权诉讼中证明责任分担的一般规则，如原告要求被告赔偿，必须对其所受的损害确实是由被告的侵权行为所致负担证明责任。但在共同危险行为诉讼中，受害人恰恰无法证明数个实施了共同危险行为人中间何者为加害人。显而易见，如果单纯囿于证明责任分配的一般原则，无异于剥夺了受损害人获得赔偿的权利。为了使受害人的损失能够得到公平的补偿，同时也是基于使实施了这种共同危险行为的人能够公平地承担责任，经过长期实践探索，形成了这种共同危险行为的理论。学理上和审判实践中以行为与损害结果之间不存在因果关系作为行为人的免责事由，行为人无法证明不存在因果关系的，均应承担民事责任。这种情形符合证明责任倒置的一般特征。

我国《民法通则》以及《民法通则意见》都未作出规定。《证据规定》第4条第1款第（七）项规定："因共同危险行为致人损害的侵权诉讼，由实施危险行为的人就其行为与损害结果之间不存在因果关系承担举证责任。"该条是我国司法解释第一次对共同危险行为作出规定。不过，由于该司法解释主要是

从举证责任的角度对共同危险行为作出的规定，不是从实体法规则上对共同危险行为制度的建构，因此关于共同危险行为的实体法规则仍然缺乏。为此，《侵权责任法》第10条规定："二人以上实施危及他人人身、财产安全的行为，其中一人或者数人的行为造成他人损害，能够确定具体侵权人的，由侵权人承担责任；不能确定具体侵权人的，行为人承担连带责任。"

共同危险行为与共同侵权行为不同的是，共同危险行为实质上只是行为人其中之一或者一部分才是真正的加害人，而并非是每个人的行为都与损害结果的产生具有因果关系。但是为了保护受害人的合法利益，考虑到加害人的过失，法律便将共同危险行为人的行为视为一个整体，而并不要求受害人对确切的加害人进行判别，法院也不主动确认谁系真正的加害人，而判决所有共同危险行为人对损害后果承担连带责任。这实质上是一种法律上的推定。

（二）证明责任的分配

对此，《证据规定》第4条第1款第（七）项规定："因共同危险行为致人损害的侵权诉讼，由实施危险行为的人就其行为与损害结果之间不存在因果关系承担举证责任。"《侵权责任法》第10条规定："二人以上实施危及他人人身、财产安全的行为，其中一人或者数人的行为造成他人损害，能够确定具体侵权人的，由侵权人承担责任；不能确定具体侵权人的，行为人承担连带责任。"《证据规定》第4条第1款第（七）项和《侵权责任法》第10条，均是对这类诉讼证明责任分配的规定，二者对于受害人需承担的证明责任的规定基本是相同的，但对于加害人要想免责需承担的证明责任的规定有所区别。

第一，受害人的证明责任。①被告实际参与了共同危险行为。例如，有数人在旅馆打牌，遗留的烟头造成火灾，打牌和抽烟的人都是共同危险行为人。如果被告提出，在打牌过程中，也有其他人进入房间，不排除其他人进入房间时扔烟头的可能性。这样，原告必须要举证证明谁是在房间里有可能扔烟头的人，也就是要确定共同危险行为人。②原告必须证明被告所实施的行为具有一定的危险性，即所谓“危及他人人身安全的行为”。例如，在房间抽烟并任意抛掷点燃的烟头的危险性是显而易见的。所以，对危险的判断，应当根据周围的环境、造成危险的可能性等具体的情况来确定。如果行为人实施的行为不能构成危险行为，而只是日常的正当行为，那么就不能构成共同危险行为。③受害人必须举证证明损害是由共同危险行为造成的。但是，要求受害人必须要证明每个共同危险行为人的行为都可能引发损害后果存在很多困难。因此，有学者认为，在此种情况下一般侵权责任中因果关系被潜在因果关系所代替。此种潜在因果关系，实际上是指造成损害的可能的原因，对此种因果关系的确定要依据具体情况判断。

第二，加害人的证明责任。因共同危险行为致人损害的侵权诉讼，实施危险行为的人不能仅仅证明其行为与损害结果之间不存在因果关系就可以被免除责任，而必须要证明谁是真正的行为人方可免责。

（三）关于加害人免责事由的思考

对于共同危险行为，我国在《证据规定》第 4 条第 1 款第（七）项以及《最高人民法院关于审理人身损害赔偿案件适用法律若干问题的解释》第 4 条中出现了共同危险行为概念，最终在《侵权责任法》第 10 条中确立了共同危险行为制度。前后的不同法律用语表述，其实反映的是立法者对证明责任分配的不同主张。

规定之细微转变，让原本明确的因果关系推定又变得有歧义。对于“不能确定具体侵权人的”该如何理解？是否仍沿用因果关系推定？作为加害方只要证明其行为与损害结果之间不存在因果关系即可，还是除了证明不存在因果关系外，还需证明具体造成损害的侵权人是谁？因此，在共同危险行为中，究竟应当如何确定免责事由，值得探讨。关于加害人能否通过反证证明自己没有过错或者其行为与损害结果之间没有因果关系，从而可以免责，一直以来，学界都有肯定与否定两种主张。肯定说认为，只要加害人能够证明自己没有实施危险行为或其行为与损害结果之间不存在因果关系，此时即便仍不能确知谁为加害人，也应当将该人排除在共同危险人之外，使其免除责任。否定说认为，行为人仅能够证明自己并非加害人并不能免责。笔者支持否定说，认为行为人此时除证明自己行为与损害结果不存在因果关系外，还应证明具体侵权人是谁，否则应承担连带责任。理由如下：

第一，从共同危险行为的责任本质而言，共同危险行为是一个不可分割的完整责任，它从损害结果、责任主体到责任的内容都只有一个，是不能分离的。因此，共同危险行为人中的一人或部分人证明自己的行为与损害结果之间没有因果关系外，还不能免除赔偿责任。只有证明谁是侵权人时，才能免除非侵权人的赔偿责任。

第二，“及时填补受害人损失”是现代侵权行为法的主要功能，在“无辜受害人”与“无辜行为人”之间的利益冲突中，法律的天平应更侧重于保护无辜受害者的利益。

第三，从提供证据的难易程度而言，相对于受害人而言，行为人较容易证明谁是加害人。并且从立法者本意来看，此时并不要求法官探究各个危险行为之间的联系，而是将重点放在针对因果关系的证明责任重新分配上。

可见，共同危险行为制度的设立就是为了保护受害人，即只要受害人证明具体的行为人共同实施了危险行为，该危险行为与损害结果具有一定的因果联系，就完成了一个初步的因果关系的证明，行为人就应当承担责任。除非危险行为人有确切的证据证明自己根本没有参与共同危险行为，或者指出具体的行为人，否则行为人不能被免除责任。

五、因医疗行为引起的侵权诉讼

（一）法律规定与相关概念的确定

1987年国务院发布的《医疗事故处理办法》（已失效）第2条规定："本办法所称的医疗事故，是指在诊疗护理工作中，因医护人员诊疗护理过失，直接造成病员死亡、残废、组织器官损伤导致功能障碍的。"《医疗事故处理办法》第5条规定："医疗事故分为责任事故和技术事故。责任事故是指医务人员因违反规章制度、诊疗护理常规等失职行为所致的事故；技术事故是指医务人员因技术过失所致的事故。"可见，《医疗事故处理办法》将医疗侵权行为直接称为医疗事故和医疗事故责任，此后在司法实践中得到普遍使用。

2002年国务院发布的《医疗事故处理条例》第2条规定："本条例所称医疗事故，是指医疗机构及其医护人员在医疗活动中，违反医疗卫生管理法律、行政法规、部门规章和诊疗护理规范、常规，过失造成患者人身损害的事故。"该条例虽然取消了责任事故与技术事故在名称上的划分，但是从其定义上仍然包含这两种性质的事故。

《证据规定》第4条第1款第（八）项规定："因医疗行为引起的侵权诉讼，由医疗机构就医疗行为与损害结果之间不存在因果关系及不存在医疗过错承担举证责任。"该规定对医疗侵权行为概念使用了一个新的称谓，即医疗侵权纠纷。但该司法解释并未就“医疗侵权纠纷”与“医疗事故”二者之间的关系作出说明。一般认为，医疗事故责任是医疗侵权纠纷，医疗过错责任纠纷也是医疗侵权纠纷。

最高人民法院于2008年2月4日公布的《民事案件案由规定》（已失效）中使用的是“医疗损害赔偿纠纷”。

在司法实践中，医疗损害责任的称谓实行双轨制，一是医疗事故责任，二是医疗过错责任，两种损害责任并存，这也导致了在医疗纠纷案件中两套鉴定程序和赔偿范围计算方法并行的局面。

在侵权法理论上，基本概念的不统一会直接导致准确界定其内涵和外延的困难。无论表述为医疗事故、医疗侵权、医疗过失、医疗过错，都无法确定其确切的内涵。正因为如此，当一个学者使用“医疗事故”概念的时候，不能够确认他指的是包括医疗侵权这样广泛意义上的医疗事故，还是单指医疗侵权中的医疗事故而不包含医疗过失责任。医疗事故仅仅是一个事件，并不能说医疗事故就是行为，而医疗事故的医生行为才是侵权行为；而医疗事故责任，则是医疗事故侵权行为的后果。[1]

为此，《侵权责任法》第七章专章规定的是医疗损害责任，用医疗损害责任这一概念，能够概括所有的医疗侵权行为，从而终止医疗侵权概念、案由和法律适用上的不统一局面。同时该概念比较直观、中性，容易被社会各界所接受，并且具有较强的包容性，能够包含所有的医疗侵权行为。[2]

---

〔1〕 王利明等：《中国侵权责任法教程》，人民法院出版社2010年版，第590页。

〔2〕 参见杨立新：“医疗损害责任概念研究”，载《政治与法律》2009年第3期。

因此，“医疗损害责任是指医疗机构及医务人员在医疗过程中因过失，或者在法律规定的情况下无论有无过失，造成患者人身损害或者其他损害，应当承担以损害赔偿为主要方式的侵权责任”。[1]

（二）医疗损害责任中的证明责任分配

《侵权责任法》第七章专章规定了医疗损害责任，统一了医疗损害赔偿纠纷处理的民事立法，但该法未沿用《证据规定》第4条第1款第（八）项在医疗行为引起的侵权诉讼中适用“过错推定”和“因果关系推定”的做法。回归侵权行为法的基本理论，会发现在医疗侵权诉讼中一律采用过错推定和因果关系推定，医疗机构将会因为过重的证明责任而出现过度检查、保守治疗、开大处方等反损患者的不良现象。为了避免僵化，《侵权责任法》针对不同的医疗责任案件类型，对过错和因果关系的证明责任分配有区别地加以对待。这也就是《侵权责任法》中“医疗损害责任”所形成的多重归责体系。

1. 医疗技术损害责任纠纷证明责任的分配

所谓医疗技术损害责任，“是指医疗机构及医务人员在从事病情检验、诊断、治疗方法的选择，治疗措施的执行，病情发展过程的追踪，以及术后照护等医疗行为中，存在不符合当时医疗水平的过失行为，医疗机构所应当承担的侵权赔偿责任。医疗技术损害责任的归责原则为过错责任原则，举证责任由受害人负担。证明医疗机构的赔偿责任构成，须由原告即受害患者一方承担举证责任。”[2]

《侵权责任法》第54条规定：“患者在诊疗活动中受到损害，医疗机构及其医务人员有过错的，由医疗机构承担赔偿责

---

〔1〕 杨立新：“医疗损害责任概念研究”，载《政治与法律》2009年第3期。
〔2〕 杨立新：“医疗损害责任概念研究”，载《政治与法律》2009年第3期。

任。”此条规定相对模糊，难以确定医疗损害赔偿纠纷的归责原则。但立法者的本意是要求医疗机构承担雇主责任。[1]对该条正确的理解应为：医疗机构是因其雇员（即医务人员）的过错而承担雇主责任，作为雇主（医疗机构）承担责任时并不以其自身有无过错为要件。因此在法律未有明确规定的情况下，应由受害方就医务人员有过错承担证明责任。为此，《侵权责任法》第57条规定：“医务人员在诊疗活动中未尽到与当时的医疗水平相应的诊疗义务，造成患者损害的，医疗机构应当承担赔偿责任。”换言之，医务人员对患者在诊疗活动中所遭受的损害是否存在过错，是以是否“尽到与当时的医疗水平相应的诊疗义务”作为判断标准的。

尽到诊疗义务的一个重要依据是诊疗行为符合法律、行政法规、规章以及其他诊疗规范的有关要求。然而，医务人员的注意义务与行为的合法合规并非完全等同的概念。一个医务人员应当具有的诊疗水平，并非完全能够被法律、行政法规、规章以及其他诊疗规范的有关要求所涵盖。在现实生活中，极有可能出现医务人员的行为完全是遵守具体的操作规程，但仍然有可能作出事后证明是错误的判断，实施事后证明是错误的行为。然而，基于医疗行为具有未知性、特殊性和专业性等特点，不能仅凭事后证明错误这一点来认定医务人员存在诊疗过错，关键要看其他的医务人员在同样情形下是不是一般都不会犯这种错误。因此，本条规定的诊疗义务可以理解为一般情况下医务人员可以尽到的，通过谨慎的作为或者不作为避免患者受到损害的义务。

选择过错责任原则可以很好地平衡受害患者、医疗机构和

---

〔1〕 全国人大常委会法制工作委员会民法室：《〈中华人民共和国侵权责任法〉条文说明、立法理由及相关规定》，北京大学出版社2010年版，第225页。

全体患者这三者之间的利益关系。过错责任原则作为调整受害患者、医疗机构和全体患者之间的利益关系的最好平衡器，其作用表现在：一是没有医疗过失医疗机构就没有责任；二是医疗机构仅就自己的医疗过失所造成的损害承担赔偿责任，对于他人的过失，医疗机构不承担责任；三是基于医疗过失与其他侵权责任中的故意或过失相比的非严重程度，应当适当限制精神损害抚慰金的赔偿数额，不能赔偿过高。

2. 医疗伦理损害责任纠纷证明责任的分配

医疗伦理损害责任纠纷证明责任的分配适用过错推定原则，为此《侵权责任法》第 55 条规定："医务人员在诊疗活动中应当向患者说明病情和医疗措施。需要实施手术、特殊检查、特殊治疗的，医务人员应当及时向患者说明医疗风险、替代医疗方案等情况，并取得其书面同意；不宜向患者说明的，应当向患者的近亲属说明，并取得其书面同意。医务人员未尽到前款义务，造成患者损害的，医疗机构应当承担赔偿责任。"第 62 条规定："医疗机构及其医务人员应当对患者的隐私保密。泄露患者隐私或者未经患者同意公开其病历资料，造成患者损害的，应当承担侵权责任。"在此类责任中，原告，即患者应当证明医疗机构及其医务人员存在违法行为（违反法定的告知或保密义务）、损害事实和因果关系。至于如何证明医疗伦理过错，原告患者只要证明医疗机构及其医务人员违反法定的说明义务或保密义务等医疗伦理义务，就可推定后者存在医疗伦理过错。

此外，《侵权责任法》第 58 条规定："患者有损害，因下列情形之一的，推定医疗机构有过错：（一）违反法律、行政法规、规章以及其他有关诊疗规范的规定；（二）隐匿或者拒绝提供与纠纷有关的病历资料；（三）伪造、篡改或者销毁病历资料。"该条规定也适用过错推定原则。

但也有学者认为，推定医疗机构有过错不应仅局限于上述三种情形，“受害患者如果能够证明医疗机构存在法定的情形，则可推定医疗过失。这些法定情形有以下四种：①违反卫生行政规章制度或者技术操作规范的；②隐匿或者拒绝提供与纠纷有关的医学文书及有关资料的；③伪造、销毁、篡改医学文书及有关资料的；④医学文书应记载而未记载或者记载缺漏足以显示有重大医疗瑕疵情事的。”〔1〕

所谓过错推定，是指受害人在证明因行为人的行为而遭受损害，且二者之间具有因果关系时，即可要求行为人承担侵权责任，而无须举证证明行为人主观具有过错。行为主观上具有过错是基于法律规定的情形，即其行为违反了法律的相关规定，推定其有过错。实行过错推定之后，医疗机构如果认为自己的医疗行为没有过失，实行完全的举证责任倒置规则，由医疗机构举证证明自己已经履行法定义务，不具有医疗过失。能够证明的，不构成侵权责任，不能举证证明的，过错推定即转化为认定，判定其构成医疗损害责任。而过错认定，是指在符合法律规定的情形下，直接认定行为人具有主观过错。如受害人举证证明自己所遭受的损害和行为人的行为符合法定情形，且二者之间存在因果关系的，就认定行为人具有过失。过错推定和过错认定二者最大的区别在于：过错推定的效力较弱，在过错推定中，被推定有过错的一方可以较为轻易地举证证明其已经履行法定义务或尽到相应的注意义务；而过错认定的效力较强，在过错认定中，被认定有过错的一方极难举证证明其主观无过错；且二者在法官内心形成的确信度不同。

〔1〕 杨立新：“论医疗过失的证明及举证责任”，载《法学杂志》2009年第6期。

3. 医疗产品损害责任纠纷证明责任的分配

医疗产品损害责任纠纷证明责任的分配适用无过错责任原则。为此《侵权责任法》第59条规定："因药品、消毒药剂、医疗器械的缺陷，或者输入不合格的血液造成患者损害的，患者可以向生产者或者血液提供机构请求赔偿，也可以向医疗机构请求赔偿。患者向医疗机构请求赔偿的，医疗机构赔偿后，有权向负有责任的生产者或者血液提供机构追偿。"

因此，在这类诉讼中，患者可以向生产者或者血液提供机构请求赔偿，也可以向医疗机构请求赔偿。患者应当就曾在医疗单位就医所发生的医疗行为以及损害后果负证明责任。而生产者或者血液提供机构或医疗机构应就其无过错承担证明责任，否则应承担相应的赔偿责任。

（三）医疗损害责任的减免规则的适用

在医疗关系中，与其他侵权行为相同，医疗机构所负担的医疗损害责任也可以在一定条件下予以免除或减轻。《医疗事故处理条例》第33条规定："有下列情形之一的，不属于医疗事故：（一）在紧急情况下为抢救垂危患者生命而采取紧急医学措施造成不良后果的；（二）在医疗活动中由于患者病情异常或者患者体质特殊而发生医疗意外的；（三）在现有医学科学技术条件下，发生无法预料或者不能防范的不良后果的；（四）无过错输血感染造成不良后果的；（五）因患方原因延误诊疗导致不良后果的；（六）因不可抗力造成不良后果的。"上述条例的规定是确定医疗损害是否属于医疗事故，而《侵权责任法》中关于医疗机构免责的规定是基于过错责任原则，确定医疗机构损害赔偿责任的有无和大小，二者的立足点不同。根据条例不属于医疗事故的，医疗机构就不负赔偿责任，但按照过错责任原则，只要有过错，就应当承担相应的损害赔偿责任。

为此《侵权责任法》第60条就医疗机构医疗损害责任的减免规则作了规定：

第一，患者或者其近亲属不配合医疗机构进行符合诊疗规范的诊疗。依据《侵权责任法》第60条的规定，当患者或者其近亲属不配合医疗机构进行符合诊疗规范的诊疗时，医疗机构及其医务人员也有过错的，应当承担相应的赔偿责任。

患者不配合医疗机构的诊疗行为，可推定其主观上有过错。但在实践中，基于不同的发生原因，其不配合诊疗的行为可以分为两类：

一是患者客观上的“不配合”行为系由于其医疗知识水平的局限而难以对医疗机构采取的诊疗措施建立正确的理解，如不遵医嘱、错误用药等。

二是患者一方主观上具有过错，该过错可分为故意和过失。患者故意追求损害结果的发生这一情形一般较为罕见，患者接受诊疗服务，通常系其自主决定作出，其目的并非追求损害身体这一结果。但现实中亦不能完全排除患者主观上积极追求损害结果发生的可能。如患者为获取保险金，而故意不遵医嘱而致损害发生。除此之外，患者对损害的发生具有过失系为经常。在上述两类情形下，如果医务人员已经尽到合理的说明告知义务，且采取的诊疗措施并无不当，患者的行为即属于本条第（一）项规定的“不配合医疗机构进行符合诊疗规范的诊疗”，患者因此而遭受损害的，医疗机构不承担赔偿责任。

第二，医务人员在抢救生命垂危的患者等紧急情况下已经尽到合理诊疗义务。对患者进行紧急救治是医疗机构及其医务人员的基本职责。同时，对患者进行紧急救治也符合医学伦理道德要求。在医务人员抢救生命垂危的患者的情形下，如医疗机构欲对患者因此遭受的损害免责，须举证证明确系处于抢救生命垂危的患者等紧急情况以及医务人员已在此情形下尽到合理诊疗义务，否则医疗机构应对该损害承担损害赔偿责任。

第三，限于当时的医疗水平难以诊疗。在医学领域，由于人类认识的有限性，并非所有出现的疾病都可以获得有效的诊疗。对于某些复杂的疾病，如果医疗机构及其医务人员已经尽到与当时的医疗水平相应的诊疗义务，但限于当时的医疗水平，对患者采取的医疗措施不仅未取得治愈的效果，反而带来新的损害，对此，医疗机构不承担赔偿责任。这一免责事由的规定也是出于鼓励和促进医学科学发展的需要。医学科学的发展必须以医务人员积极探索、大胆创新为前提，同时，由于医疗行业高技术性、高风险性和未知性的特点，医务人员在诊疗措施上的探索和创新可能会成功，对此，并不能以是否治愈来判断医疗机构及其医务人员在诊疗活动中是否具有过错，如果医务人员已经尽到与当时医疗水平相应的诊疗义务，但该疾病限于当时的医疗水平难以诊疗的，医疗机构对于患者的损害不承担赔偿责任。

第七章 CHAPTER 7 特殊侵权诉讼证明责任的分配

第一节 高度危险作业侵权诉讼证明责任的分配

一、相关法律规定

《民法通则》规定了高度危险责任，该法第 123 条规定：“从事高空、高压、易燃、易爆、剧毒、放射性、高速运输工具等对周围环境有高度危险的作业造成他人损害的，应当承担民事责任；如果能够证明损害是由受害人故意造成的，不承担民事责任。”为此《证据规定》第 4 条第 1 款第（二）项规定：“高度危险作业致人损害的侵权诉讼，由加害人就受害人故意造成损害的事实承担举证责任。”

在《民法通则》第 123 条之外，针对具体类型的高度危险活动或高度危险物，我国还通过特别法予以规范。例如，《道路交通安全法》规范了机动车事故责任、《铁路法》规范了轨道运输工具致害责任、《民用航空法》规范了民用航空器致害责任。

从当时的立法背景来看，《民法通则》第 123 条的规定具有积极意义，它以高度抽象的条文规定了比较完整的高度危险责任。概括而言，该规定具有如下特点：第一，它包含了高度危险活动和高度危险物致害两种情形，例如，高空活动属于高度危险活动，而易燃物则属于高度危险物；第二，它明确了责任的成立不以行为人的过错为要件，将其纳入危险责任的范畴；第三，它明确了将受害人故意作为统一的免责事由。而《证据规定》第 4 条第 1 款第（二）项规定是在《民法通则》第 123 条规定的基础上，对证明责任分配的规定。

为了整合高度危险责任既有的规定，实现该法的体系化及完善相应的规则，《侵权责任法》第九章专章规定了高度危险责任。该章对于高度危险责任的规定具有如下特点：

第一，它对高度危险责任的四种具体类型作了规定，即民用核设施致害责任、民用航空器致害责任、高度危险活动致害责任与高度危险物致害责任。

第二，它区分不同类型的高度危险责任，设置了区别化的免责事由。例如，民用核设施致害责任的免责事由限于战争等情形或者受害人故意，而易燃、易爆、剧毒、放射性等高度危险物致害责任的免责事由包括不可抗力、受害人故意和重大过失。

第三，它区分不同类型的高度危险责任，设置了更为细致的规则，尤其是针对高度危险物和高度危险活动，其设置了较之于《民法通则》更为详尽的规则。例如，抛弃或遗失高度危险物时的责任承担、非法占有高度危险物时的责任承担等。

第四，它明确认可了高度危险责任的赔偿限额。《侵权责任法》第 77 条规定："承担高度危险责任，法律规定赔偿限额的，依照其规定。"

二、高度危险责任相关概念及特征

（一）高度危险责任及相关概念

高度危险作业，是指在人类现有技术所允许的条件下，即使予以必要的注意或谨慎经营仍有可能致人损害的危险性作业。所谓高度危险作业所引起的损害赔偿，是指人们利用现代科学技术的实用成果在为改造自然而创造更为先进的生产力的过程当中所从事的特定活动，对周围环境虽然照现有技术水平已尽其高度的谨慎和勤勉义务，仍不能排除致人损害的事故发生所应当承担的民事责任。所谓“周围环境”是指从事危险作业的人和作业物以外的，处于该危险作业所产生事故可能危及范围内的所有人和物。

高度危险责任，是指侵权法上明确列举的特定类型的危险责任（或称严格责任）。高度危险责任是我国《侵权责任法》第九章专章规定的侵权责任类型，[1]即民用核设施致害责任、民用航空器致害责任、高度危险活动致害责任与高度危险物致害责任。

（二）高度危险责任的特征

高度危险责任与危险责任有较大的区别。危险责任是德国法上的概念，它与英美法上的严格责任概念大致相当。虽然高度危险责任是危险责任中的重要类型，也是其中的典型类型，但是，两者之间有两点区别：首先，高度危险责任是符合危险责任典型特点的责任，而危险责任中还包含了不具有其典型特点的责任。危险责任的典型特点是对特别危险承担的责任。所谓“特别危险”，或者是指损害发生的可能性特别大，或者是指损害非常巨大，或者是指潜在危险的不可知性。其次，高度危险责任是法律明确列举的，而危险责任是具有开放性的。高度危险责任只是危险责任的一部分，而且是法律明确列举的类型。而危险责任的范围广泛，除了高度危险责任以外，还存在大量

〔1〕 王利明等：《中国侵权责任法教程》，人民法院出版社 2010 年版，第 667 页。

的危险责任，如动物致害责任、环境污染责任等。尤其是《侵权责任法》第 69 条规定了危险责任的一般条款，这实际上使危险责任的类型保持了开放性。

可见，高度危险责任与其相联系的危险责任相比较具有如下特征：

第一，高度危险责任不适用过错责任原则，而适用无过错责任。即不论操作人对损害的造成主观上有无过错，只要造成了损害就应承担民事责任，对高度危险作业致人损害之所以适用无过错责任，除了加强对受害人的法律保护外，同时也是为了促进从事高度危险作业的组织、个人提高其责任心和不断改进现有的技术安全措施。从事高度危险作业本身就构成对周围环境可能会发生高度危险损害的风险。在这种作业中，必须要求操作人员有高度的责任心，并应采取有效的防范措施。

第二，高度危险责任并不能等同于危险责任，它只是危险责任的特定类型，即我国《侵权责任法》第九章所明确列举的民用核设施致害责任、民用航空器致害责任、高度危险活动致害责任、高度危险物致害责任。除了高度危险责任以外，危险责任还包括许多其他类型，如机动车事故责任、产品责任、动物致害责任与环境污染责任等。

第三，高度危险责任是受到赔偿限额限制的责任。《侵权责任法》第 77 条规定："承担高度危险责任，法律规定赔偿限额的，依照其规定。"这就认可了高度危险责任是可以设置赔偿限额的。

第四，高度危险责任是对合法行为的责任。危险责任是对合法行为的责任，或者说是对合法的危险行为的责任。高度危险责任作为危险责任的一部分，自然也不例外。我国《侵权责任法》在规定高度危险责任时，使用了"损害"概念，而非

"侵害"概念，这本身也蕴含了高度危险责任不以违法性为要件的含义。

再有，高度危险责任除与危险责任有较大的区别外，与替代责任也有很大区别。替代责任是从英美法上的"Vicarious Liability"概念翻译而来的。替代是指占据或补充他人的地位。可以理解为，因为当事人之间的特殊关系而承担的侵权责任。就我国《侵权责任法》的规定来看，其应当包括监护人责任和雇主责任。应当承认，高度危险责任与替代责任之间存在共同之处，两者都是不以过错为要件的责任，都适用无过错责任原则。不过，二者之间也存在明显的区别，包括以下两个方面。一方面，前者是可以设置赔偿限额的责任，后者并没有认可赔偿限额。前者的责任基础是高度危险的活动或高度危险物，而后者的责任基础是当事人之间的特殊关系，即雇佣关系和监护关系。雇佣关系和监护关系的存在很难说是高度危险或特别危险。另一方面，前者是比较法上具有共性的制度，后者是比较法上差异较大的制度。从各国的法律规定来看，对于高度危险活动或高度危险物几乎采取了一致立场，即危险责任或严格责任。而对于监护人责任和雇主责任，各国的做法不一，如德国法上的雇主责任和监护人责任都是过错推定责任。

三、民用核设施致害侵权诉讼中证明责任的分配

（一）民用核设施致害责任的相关法律规定及概念

《民法通则》第 123 条规定："从事高空、高压、易燃、易爆、剧毒、放射性、高速运输工具等对周围环境有高度危险的作业造成他人损害的，应当承担民事责任；如果能够证明损害是由受害人故意造成的，不承担民事责任。"为此《证据规定》第 4 条第 1 款第（二）项规定："高度危险作业致人损害的侵权

诉讼，由加害人就受害人故意造成损害的事实承担举证责任。”此外，《放射性污染防治法》《民用核设施安全监督管理条例》《核电厂核事故应急管理条例》等也有相应的规定。在吸收上述法律和司法解释的基础上，《侵权责任法》第70条规定：“民用核设施发生核事故造成他人损害的，民用核设施的经营者应当承担侵权责任，但能够证明损害是因战争等情形或者受害人故意造成的，不承担责任。”

因此，所谓民用核设施致害责任，是指民用核设施发生核事故造成他人损害，其经营者应当承担的危险责任。[1]它是《侵权责任法》第九章所明确列举的四种危险责任类型之一。它既是不以过错为要件的侵权责任，也是对合法行为的侵权责任，而且其有赔偿限额限制。

再有，要将民用核设施致害责任与高度危险物致害责任区别开，它们之间有以下几点区别：首先，前者具有更高的危险性，后者的危险性程度较低。其次，前者是因危险活动而承担的责任，后者是因危险物而承担的责任。最后，前者的免责事由受到严格限制，即限于“战争等情形或者受害人故意”，后者的免责事由可以是受害人的故意、重大过失和不可抗力。

（二）证明责任的分配

第一，当作为原告的受害人提出发生了民用核设施致害责任侵权的事实主张时，应当就以下涉及事实构成的事项承担证明责任：

其一，原告因民用核设施致害侵权而受到的实际损害。民用核设施致害责任的产生必须以受害人遭受了损害为前提，即国际条约中通常说的核损害。另外，核损害中的受害人应当是

〔1〕王利明等：《中国侵权责任法教程》，人民法院出版社2010年版，第670页。

民用核设施经营人以外的第三人。如果是核设施经营人及其员工遭受的核损害，应根据工伤事故的有关规定处理。这也是有关核损害民事责任的国际公约的常见做法。[1]

其二，有明确的被告。根据2007年国务院《关于核事故损害赔偿责任问题的批复》第2条的规定，营运者应当对核事故造成的人身伤亡、财产损失或者环境受到的损害承担赔偿责任。

其三，作为被告的加害人从事了民用核设施致害侵权的行为，即有民用核设施的危险实现。民用核设施是用于民用目的的核设施。根据法律规定，我国民用核设施包括四种；①核动力厂（核电厂、核热电厂、核供气供热厂等）；②其他反应堆（研究堆、实验堆临界装置等）；③核燃料生产、加工、贮存及后处理设施；④放射性废物的处理和处置设施等。民用核设施的危险实现就是有核事故的发生。

其四，损害事实与民用核设施的危险实现之间具有因果关系。从实践来看，受害人证明其损害与核事故之间存在因果关系有时是比较困难的。而《侵权责任法》第70条又没有规定因果关系推定，因此，在证明因果关系问题上，审判实践当中通常采用的是根据经验所作出的推定，经验上的推定往往带有一种盖然性的趋势，抑或具有某种观念上的必须属性。只要作为受害人的原告能够证明上述事项即可卸除其证明负担。

第二，对于作为被告的民用核设施经营人要想免责，必须证明有免责事由的存在，而根据《侵权责任法》第70条的规定，民用核设施经营人的免责事由是受到严格限制的。具体包括以下两种：

其一，战争等情形。一般来说，不可抗力都可以作为免责

---

〔1〕 王利明主编：《中华人民共和国侵权责任法释义》，中国法制出版社2010年版，第354页。

事由。但是，在民用核设施致害责任中，《侵权责任法》却没有将其作为免责事由，只是限定为战争等情形，这是为了更好地保护受害人。

其二，损害是由受害人故意造成的事实存在。对此，如果作为被告的加害人在此情形下不能够提供证据证明受害人所遭受的损害结果是因受损害人的故意所造成的或者提供的证据不足以证明产生这种故意行为事实存在的，应当由被告承担相应的民事责任。因而，在此类侵权诉讼中，如被告不承担民事责任，就必须举证证明受害人故意造成损害的事实。在通常情况下，受害人故意造成损害的事实主要包括两种情况：第一种为直接故意，即受害人明知其行为将会导致其人身或者财产遭受损害结果的发生，却在主观心理上去追求或者希望这种损害结果的发生，直接故意在实践上往往反映在受害人以各种形式所采取的自杀或自伤的行为；第二种为间接故意，即受害人明知其行为将会导致其人身或者财产遭受损失，却在主观心理上放任这种结果的发生。间接故意在实践中通常表现为受害人违反某项法律禁止性的规定，在危险区内逗留、玩耍、打闹，等等。

四、民用航空器致害侵权诉讼中证明责任的分配

（一）民用航空器致害责任的相关法律规定及概念

《民法通则》第 123 条规定："从事高空、高压、易燃、易爆、剧毒、放射性、高速运输工具等对周围环境有高度危险的作业造成他人损害的，应当承担民事责任；如果能够证明损害是由受害人故意造成的，不承担民事责任。"为此《证据规定》第 4 条第 1 款第（二）项规定："高度危险作业致人损害的侵权诉讼，由加害人就受害人故意造成损害的事实承担举证责任。"在总结我国《民法通则》第 123 条和《民用航空法》等法律规

定的基础上，《侵权责任法》第71条规定："民用航空器造成他人损害的，民用航空器的经营者应当承担侵权责任，但能够证明损害是因受害人故意造成的，不承担责任。"该条确立了我国民用航空器致害责任制度。

因此，民用航空器致害责任，是指民用航空器造成他人损害，其经营者承担的危险责任。[1]它是《侵权责任法》第九章所明确列举的四种高度危险责任类型之一。它既是不以过错为要件的侵权责任，也是对合法行为的侵权责任。

再有，要将民用航空器致害责任与非民用航空器致害责任区别开。根据《民用航空法》第5条的规定，民用航空器是指除用于执行军事、海关、警察飞行任务外的航空器。《侵权责任法》第71条并没有限定民用航空器的含义，所以，应当与《民用航空法》作同一解释。根据《侵权责任法》的规定，目前，非民用航空器致害责任的问题不属于民事法律关系。

（二）证明责任的分配

第一，当作为原告的受害人提出发生了民用航空器致害责任侵权的事实主张时应当就以下涉及事实构成的事项承担证明责任：

其一，原告因民用航空器致害侵权而受到的实际损害。民用航空器致害责任的产生必须以受害人遭受了损害为前提，这里的损害既包括财产损害，也包括精神损害。

其二，有明确的被告。民用航空器致害责任的主体应是该民用航空器经营者，经营者并不限于其所有人，还包括承租人、融资租赁人以及其他具有合法使用权的人。这是符合《侵权责任法》和《民用航空法》的规定的。

---

〔1〕 王利明等：《中国侵权责任法教程》，人民法院出版社2010年版，第678页。

其三，作为被告的加害人从事了民用航空器致害侵权的行为，即有民用航空器运营危险的实现。

其四，损害事实与民用核设施的危险实现之间具有因果关系。从实践来看，受害人证明其损害与民用航空器运营危险之间存在因果关系有时是比较困难的。而《侵权责任法》第 71 条又没有规定因果关系推定，因此，在证明因果关系问题上，审判实践当中通常采用的是根据经验所作出的推定，经验上的推定往往带有一种盖然性的趋势，抑或具有某种观念上的必须属性。只要作为受害人的原告能够证明上述事项即可卸除其证明负担。

第二，作为被告的民用航空器的运营人要想免责，必须证明有免责事由的存在。而根据《侵权责任法》第 71 条的规定，免责事由只规定了一项，即受害人故意，即证明损害是由受害人故意造成的事实存在。因而，在此类侵权诉讼中，如被告不承担民事责任，就必须举证证明受害人故意造成损害的事实。在通常情况下，受害人故意造成损害的事实主要包括两种情况：一种为直接故意，即受害人明知其行为将会导致其人身或者财产遭受损害结果的发生，却在主观心理上去追求或者希望这种损害结果的发生；另一种为间接故意，即受害人明知其行为将会导致其人身或者财产遭受损失，却在主观心理上放任这种结果的发生。

从比较法上来看，多数国家和地区一般不将不可抗力作为民用航空器致害责任的免责事由。我国《侵权责任法》也没有以不可抗力作为免责条款。在这一点上，我国和大多数国家是一致的。

五、高度危险物致害侵权诉讼中证明责任的分配

（一）高度危险物致害责任的相关法律规定及概念

《民法通则》第123条规定："从事高空、高压、易燃、易爆、剧毒、放射性、高速运输工具等对周围环境有高度危险的作业造成他人损害的，应当承担民事责任；如果能够证明损害是由受害人故意造成的，不承担民事责任。"为此《证据规定》第4条第1款第（二）项规定："高度危险作业致人损害的侵权诉讼，由加害人就受害人故意造成损害的事实承担举证责任。"在吸收上述法律和司法解释的基础上，《侵权责任法》第72条规定："占有或者使用易燃、易爆、剧毒、放射性等高度危险物造成他人损害的，占有人或者使用人应当承担侵权责任，但能够证明损害是因受害人故意或者不可抗力造成的，不承担责任。被侵权人对损害的发生有重大过失的，可以减轻占有人或者使用人的责任。"《侵权责任法》第74条规定："遗失、抛弃高度危险物造成他人损害的，由所有人承担侵权责任。所有人将高度危险物交由他人管理的，由管理人承担侵权责任；所有人有过错的，与管理人承担连带责任。"《侵权责任法》第75条规定："非法占有高度危险物造成他人损害的，由非法占有人承担侵权责任。所有人、管理人不能证明对防止他人非法占有尽到高度注意义务的，与非法占有人承担连带责任。"这3条共同组成了我国法律上的高度危险物致害责任制度。

因此，高度危险物致害责任，是指因易燃、易爆、剧毒、放射性等高度危险物造成他人损害，责任人应当承担的危险责任。[1]它是《侵权责任法》第九章所明确列举的四种高度危险

〔1〕王利明等：《中国侵权责任法教程》，人民法院出版社2010年版，第686页。

责任类型之一，而且是开放性的，其责任主体具有多元化。它既是不以过错为要件的侵权责任，也是对合法行为的侵权责任。

（二）证明责任分配的一般规则

《侵权责任法》对高度危险物致害责任规定了一般规则和特殊规则。其中，《侵权责任法》第 72 条的规定属于一般规则，它调整的是高度危险物致害责任的一般情形；而《侵权责任法》第 74 条和第 75 条属于特殊规则，它调整的是高度危险物致害责任的特殊情形，即遗失或抛弃高度危险物致害的责任和非法占有高度危险物致害责任。因此，《侵权责任法》第 72 条就确立了高度危险物致害侵权诉讼证明责任分配的一般规则。

第一，当作为原告的受害人提出发生了高度危险物致害责任侵权的事实主张时应当就以下涉及事实构成的事项承担证明责任：

其一，原告因高度危险物致害责任侵权而受到的实际损害。高度危险物致害责任的产生必须以受害人遭受了损害为前提，这是侵权法的基本原理。《侵权责任法》第 72 条使用“造成他人损害”的表述，这也表明了“受害人的损害”是很重要的构成要件。这里的损害包括既财产损害，也包括精神损害。

其二，有明确的被告。根据《侵权责任法》第 72 条的规定，这类诉讼的责任主体，即被告为易燃、易爆、剧毒、放射性等高度危险物的占有人或者使用人。

其三，作为被告的占有人或者使用人从事了高度危险物致害侵权的行为，即有高度危险物的危险实现。

其四，损害事实与高度危险物的危险实现之间具有因果关系。总体来看，受害人证明其损害与高度危险物的危险实现之间存在因果关系有时是比较困难的。因此，在证明因果关系问题上，审判实践当中通常采用的是根据经验所作出的推定，经验上的推定往往带有一种盖然性的趋势，抑或具有某种观念上的必须属性。只要作为受害人的原告能够证明上述事项即可卸除其证明负担。

第二，作为被告的占有人或者使用人要想免责，必须证明有免责事由的存在，而根据《侵权责任法》第 72 条的规定，免责事由具体包括以下两种：

其一，不可抗力。在这一点上，高度危险物致害责任与民用核设施致害责任和民用航空器致害责任是不同的，主要是由于高度危险物所具有的危险程度不及民用核设施和民用航空器，因此，在免责事由上有所区别。再有，在《环境保护法》《水污染防治法》等法律规定之中，因不可抗力造成高度危险物污染损害的，免予承担责任。《侵权责任法》如此规定可以保持法律体系的内在一致性。

其二，受害人故意或重大过失。按照《侵权责任法》第 72 条的规定，损害是因受害人故意造成的，占有人或使用人的责任可以完全免除；在受害人对损害的发生具有重大过失时，可以减轻其责任。高度危险物的危险性不及民用核设施和民用航空器，所以，在过失相抵规则的设计上也存在差异，受害人的重大过失也被考虑。

（三）证明责任分配的特殊规则

《侵权责任法》对高度危险物致害责任在第 74 条和第 75 条规定了特殊规则，它调整的是高度危险物致害责任的特殊情形，即遗失或抛弃高度危险物致害的责任和非法占有高度危险物致害责任。从而形成了证明责任分配的两个特殊规则。

第一，遗失或抛弃高度危险物致害的责任。《侵权责任法》第 74 条确定了遗失或抛弃高度危险物的致害责任，它与前述的高度危险物致害责任的一般构成要件类似，唯一的区别就是，这里的致害物限于遗失或抛弃的高度危险物。从证明责任分配的规则角度来看，它和证明责任分配的一般规则相比较，有两点区别：

其一，责任主体从占有人或使用人，变成了所有人和管理人。这对于作为原告的受害人来说应当注意。

其二，第 74 条规定，所有人将高度危险物交由他人管理的，由管理人承担侵权责任；所有人有过错的，与管理人承担连带责任。因此在这种情况下，所有人承担过错责任，并与管理人承担连带责任。这对于作为被告的所有人来说是应当注意的。

第二，非法占有高度危险物致害责任。《侵权责任法》第 75 条确定了非法占有高度危险物致害责任。它与前述的高度危险物致害责任的一般构成要件类似，唯一的区别就是，这里的致害物限于非法占有的高度危险物。从证明责任分配的规则角度来看，它和证明责任分配的一般规则相比较，有两点区别：

其一，责任主体从占有人或使用人，变成了非法占有人，这里的非法占有人不限于直接占有人，也可以包括间接占有人。也有可能是所有人和管理人。这对于作为原告的受害人来说应当注意。

其二，第 75 条规定，所有人、管理人不能证明对防止他人非法占有尽到高度注意义务的，与非法占有人承担连带责任。因此在这种情况下，所有人、管理人虽然不必承担危险责任，但所有人、管理人要承担过错责任，负有高度的注意义务，并与管理人承担连带责任。这对于作为被告的所有人、管理人来说是应当注意的。

六、高度危险活动致害侵权诉讼中证明责任的分配

（一）高度危险活动致害责任的相关法律规定及概念

《民法通则》第123条规定："从事高空、高压、易燃、易爆、剧毒、放射性、高速运输工具等对周围环境有高度危险的作业造成他人损害的，应当承担民事责任；如果能够证明损害是由受害人故意造成的，不承担民事责任。"为此《证据规定》第4条第1款第（二）项规定："高度危险作业致人损害的侵权诉讼，由加害人就受害人故意造成损害的事实承担举证责任。"在吸收上述法律和司法解释的基础上，《侵权责任法》第73条规定："从事高空、高压、地下挖掘活动或者使用高速轨道运输工具造成他人损害的，经营者应当承担侵权责任，但能够证明损害是因受害人故意或者不可抗力造成的，不承担责任。被侵权人对损害的发生有过失的，可以减轻经营者的责任。"该规定构成了我国的高度危险活动致害责任制度。

因此，高度危险活动致害责任，是指从事高空、高压、地下挖掘活动或者使用高速轨道运输工具造成他人损害，经营者应当承担的危险责任。[1]它是《侵权责任法》第九章所明确列举的四种高度危险责任类型之一，而且范围更广泛，它既是不以过错为要件的侵权责任，也是对合法行为的侵权责任。

再有，要将高度危险活动致害责任与高度危险物致害责任区别开。前者是因危险活动而导致损害，后者是因危险物而导致损害。因为法律上设计了不同的规则，所以，两者的适用范围要妥当界定。

---

〔1〕王利明等：《中国侵权责任法教程》，人民法院出版社2010年版，第693页。

（二）证明责任分配的一般规则

根据《侵权责任法》第73条的规定，高度危险活动致害侵权诉讼证明责任分配规则如下。

第一，当作为原告的受害人提出发生了高度危险活动致害责任侵权的事实主张时，应当就以下涉及事实构成的事项承担证明责任：

其一，原告因高度危险活动致害责任侵权而受到的实际损害。高度危险活动致害责任的产生必须以受害人遭受了损害为前提，这是侵权法的基本原理。《侵权责任法》第73条使用“造成他人损害”的表述，这也表明了“受害人的损害”是很重要的构成要件。这里的损害既包括财产损害，也包括精神损害。

其二，有明确的被告。根据《侵权责任法》第73条的规定，这类诉讼的责任主体，即被告为从事高空、高压、地下挖掘活动或者使用高速轨道运输工具造成他人损害的经营者。

其三，具体来说，《侵权责任法》第73条所列举的高度危险活动包括如下四种：①高空活动。高空活动，也被称为高空作业或高处作业。根据立法者的解释，它是指距坠落高度基准面2米及以上，在有可能坠落的高处进行的作业。②高压活动。高压就是指较高的压强，《侵权责任法》第73条里的高压则属于工业生产意义上的高压，包括高压电、高压容器等。③地下挖掘活动。④使用高速轨道运输工具。

其四，损害事实与高度危险活动的危险实现之间具有因果关系。总体来看，受害人证明其损害与高度危险物的危险实现之间存在因果关系有时是比较困难的。因此，在证明因果关系问题上，审判实践当中通常采用的是根据经验所作出的推定，经验上的推定往往带有一种盖然性的趋势，抑或具有某种观念上的必须属性。只要作为受害人的原告能够证明上述事项即可卸除其证明负担。

第二，高度危险活动致害责任的归责原则是确定其构成要件的前提。我国《民法通则》第 123 条就已经确立了此种责任是危险责任，不以责任人的过错为要件。《侵权责任法》第 73 条继续了这一做法。对于作为被告的经营者如果要想免责，必须证明有免责事由的存在，而根据《侵权责任法》第 73 条的规定，免责事由具体包括以下两种：

其一，不可抗力。在这一点上，高度危险活动致害责任与民用核设施致害责任和民用航空器致害责任是不同的，主要是由于高度危险活动所具有的危险程度不及民用核设施和民用航空器，因此，在免责事由上有所区别。在高度危险活动中，因不可抗力免责，这是我国既有的相关法律比较一致的规定（如《铁路法》第 58 条、《电力法》第 60 条等）。

其二，受害人的过错。受害人的过错可以导致责任的减轻或免除，这属于过失相抵规则的内容。《侵权责任法》第 73 条认可了受害人的故意或过失可以导致责任的免除或减轻。不过，从立法论的角度考虑，既然该规定与一般的过失相抵规则相同，似乎没有另行规定的必要。

第二节　饲养动物致人损害侵权诉讼中的证明责任分配

一、饲养动物致人损害责任的法律规定

《民法通则》第 127 条规定：“饲养的动物造成他人损害的，动物饲养人或者管理人应当承担民事责任；由于受害人的过错造成损害的，动物饲养人或者管理人不承担民事责任；由于第三人的过错造成损害的，第三人应当承担民事责任。”我国民法

上对动物致损的民事责任，实行的是无过错责任规则。因为，动物致损属于危险物致损的范畴，他人通常难以了解为别人饲养、控制的动物的习性，难以防止或避免损害的发生。另外，与常人所不同的是，动物无理智可言，又非无生命物，因此，动物的主人虽尽其谨慎的管束义务，仍难避免损害事件的发生。实行这种无过错责任，旨在对动物的饲养主体提出更高的要求，即应当采取一切必要的措施以保证不发生动物致损事件，以尽可能地减少社会生活当中这种致损危险，并保护无辜受害人的合法权益。

可见，该规定要求作为责任主体的动物饲养人或管理人承担较重的责任。而且，该规定适用于所有类型的饲养动物，没有像德国法那样区分奢侈动物和用益动物而设不同的规则。但是，《民法通则》的规定也存在两个方面的问题：一方面，没有限制受害人过错类型（如故意或重大过失），这对受害人来说，可能有失公平，而且与过失相抵规则存在冲突；另一方面，因第三人过错造成损害的，动物饲养人或管理人是否承担责任没有明确，导致了理论上的争议及司法实践中的不确定因素。此外，在《民法通则》第 127 条规定的基础上，《证据规定》第 4 条第 1 款第（五）项规定：“饲养动物致人损害的侵权诉讼，由动物饲养人或者管理人就受害人有过错或者第三人有过错承担举证责任。”该规定是针对这类诉讼证明责任的分配。

在《民法通则》的基础上，《侵权责任法》第十章专章规定了饲养动物损害责任。该章的规定在归责原则上实行无过错责任，责任主体限于饲养人或管理人，这两个方面继承了《民法通则》的规定。但也有所发展，具体包括：一是受害人的过错导致完全免责的规定被修改完善，就普通动物致害来说，受害人的故意或重大过失可以导致责任的减轻或免除；二是因第三人的过错导致他人损害时，饲养人或管理人要与第三人一起承担责任；三是它区分了普通动物和禁止饲养的危险动物，设计了不同的规则；四是它借鉴国外立法经验，规定了因第三人过错而导致动物致害的责任承担；五是，它吸收我国理论研究成果，规定了遗弃、逃逸动物致害的责任承担，从而有利于解决实践中的流浪动物致害等问题。

二、动物致害责任的概念和特征

动物致害责任有狭义和广义之分，从广义上来说，动物致害责任，是指所有类型的动物致害的责任。从狭义上来说，动物致害责任，是指因饲养的动物致人损害，饲养人或管理人所应承担的侵权责任。我国《侵权责任法》第十章专章规定的饲养动物损害责任，就是狭义上的动物致害责任。此种责任的特点是：

第一，动物致害责任是对物的责任。动物致害责任不是对自己行为的责任。他人通常难以了解为别人饲养、控制的动物的习性，只有饲养人或管理人能够控制动物危险的实现，所以，要求其承担责任，从而避免损害的发生。

第二，动物致害责任是饲养动物致害的侵权责任。在我国，野生的动物造成他人损害，不是侵权责任，可能适用行政补偿责任。饲养的动物与野生的动物相对应，所以，没有纳入侵权法的范围。

第三，动物致害责任是因动物危险实现而承担的责任。动物致害责任的基础是，动物危险的实现导致他人损害。如果不是动物危险的实现导致他人损害，则不产生动物致害责任。

第四，动物致害责任原则上是危险责任。与人所不同的是，动物无理智可言，又非无生命物，因此，动物的主人虽尽其谨慎的管束义务，仍难避免损害事件的发生。所以说动物致害责任是一个危险责任。不过，有时基于法律政策考量，对动物损害责任也可以适当降低对危险责任中危险的要求。

三、动物致害责任民事诉讼证明责任的分配

我国《民法通则》第127条规定的是无过错责任，而且对不同类型的动物没有区分。基于强化对受害人的保护和法律稳定性的要求，《侵权责任法》延续了这一做法，同时，设置了唯一的例外，即动物园的动物致害采过错责任。

（一）动物致害责任民事诉讼证明责任分配的一般规则

除动物园的动物致害采用过错责任外，对于饲养的动物造成他人损害的，均适用动物致害责任民事诉讼证明责任分配的一般规则，为此，《侵权责任法》第78条规定："饲养的动物造成他人损害的，动物饲养人或者管理人应当承担侵权责任，但能够证明损害是因被侵权人故意或者重大过失造成的，可以不承担或者减轻责任。"《证据规定》第4条第1款第（五）项规定："饲养动物致人损害的侵权诉讼，由动物饲养人或者管理人就受害人有过错或者第三人有过错承担举证责任。"根据上述规定，原告只对损害后果事实的存在以及这种损害是由特定的动物所致承担证明责任，对于自己没有过错的事实不承担证明责任；动物的饲养人或管理人即使没有过错，也应对这种损害事实承担民事责任。如果能够证明损害是由受害人自己或第三人故意造成的，则可免除其民事责任。在因此发生的诉讼中，动物的饲养人或管理人要想免除自己的民事责任，则应当对损害是由被害人或第三人故意造成的这一事实承担证明责任。

（二）动物致害责任民事诉讼证明责任分配的特殊规则

《侵权责任法》第81条规定："动物园的动物造成他人损害

的，动物园应当承担侵权责任，但能够证明尽到管理职责的，不承担责任。”

根据该规定，动物致害责任民事诉讼证明责任分配的特殊规则只适用于动物园的动物致害责任的民事诉讼，而且属于过错推定责任。即动物园只要能够证明尽到管理职责的，不用承担责任。动物园的动物致害责任的民事诉讼，之所以适用过错推定责任，是因为动物园是具有社会公益性质的、向社会公众开放的。如果要求其承担过重的责任，可能会增加社会的负担。

但是动物园的动物致害责任与其他动物致害的责任不同，从立法论的角度来看存在以下几个问题：首先，动物园的动物致害与其他动物致害几乎没有差别，如此处理其公正性会受到质疑，因此，它违反了法律上的平等原则；其次，动物园虽然多数是政府设立的，具有实现社会公共利益的目的，但是，公共负担应当由社会成员平等承受，不能要求受害人自己过多地承受；最后，民法是以抽象人格为基础的，除非有足够充分且正当的理由，否则不能采具体人格，法律对动物园单独处理，就是以具体人格为基础的，且没有足够充分且正当的理由。

四、关于第三人过错导致动物致害责任

（一）法律规定

《证据规定》第 4 条第 1 款第（五）项规定：“饲养动物致人损害的侵权诉讼，由动物饲养人或者管理人就受害人有过错或者第三人有过错承担举证责任。”该规定已经对第三人过错导致动物致害责任作出规定，但显然过于原则和简单，为此，《侵权责任法》第 83 条规定：“因第三人的过错致使动物造成他人损害的，被侵权人可以向动物饲养人或者管理人请求赔偿，也可以向第三人请求赔偿。动物饲养人或者管理人赔偿后，有权

向第三人追偿。”可见，《侵权责任法》在《证据规定》的基础上，对第三人过错导致动物致害责任问题规定得更加明确和具体。

（二）第三人过错导致动物致害责任的概念和特征

因第三人过错导致动物致害责任，是指因第三人的过错致使动物造成他人损害，动物饲养人或管理人应当承担的侵权责任。其特点在于：

第一，因第三人过错导致动物致害，涉及第三人与动物饲养人或管理人之间的关系，法律上针对其作出了特别的规定。因此，它是特殊类型的饲养动物致害责任。

第二，虽然第三人也可能对受害人承担责任，但是，第三人所承担的责任并不是因第三人过错导致动物致害责任的范畴。因此，它是动物饲养人或管理人的责任。

第三，因第三人过错导致动物致害责任的归责原则要取决于该动物的具体类型，它原则上是无过错责任。但是，因为我国法律上动物园的动物致害是过错推定责任，因第三人的过错而导致的动物园动物致害，动物园承担的也应当是过错推定责任，以实现法律的内在一致性。因此，它原则上是无过错责任。

第四，因第三人的过错而导致的动物致害责任制度，可以适用于任何类型的动物。动物园的动物、禁止饲养的危险动物、遗弃或逃逸的动物以及其他动物，都可以因第三人的过错而导致他人损害。所以它是可以适用于所有类型动物的责任。

（三）因第三人的过错导致动物致害责任的承担

根据《侵权责任法》第83条的规定，因第三人的过错导致动物致害责任的承担可以适用于任何类型的动物，包括动物园的动物、禁止饲养的危险动物、遗弃或逃逸的动物和其他动物。因此第三人的过错致使动物造成他人损害时，受害人可以请求动物饲养人或者管理人承担赔偿责任。这里的赔偿应适用侵权责任的一般规则。根据不同的动物，结合《侵权责任法》第78条以下诸条的规定，分别确定其责任主体。例如，动物园的动物致害，就由动物园承担责任。

就第三人和动物饲养人或管理人的关系而言，两者之间实际上形成了不真正连带债务。因为第三人和动物饲养人或管理人是基于偶然原因而对同一损害负责。根据《侵权责任法》第83条后半句规定："动物饲养人或者管理人赔偿后，有权向第三人追偿。"这实际上明确了第三人是终局的责任人，所以，动物饲养人或管理人可以向其追偿，而且是全部求偿权。〔1〕

《侵权责任法》第83条并没有明确规定，在因第三人的行为而导致动物致害时，第三人自己是否承担责任，但是，通过解释应当认定第三人要承担责任。只不过，此时其承担的责任是过错责任。因为过错责任原则就意味着，任何人都要对其具有过错的行为负责，即便法律没有明确规定也是如此。而且，我国《侵权责任法》第6条第1款规定了过错责任一般条款，第三人对自己的过错行为负责，是该条规定适用的当然结果。

因第三人的过错导致动物致害责任制度的类推适用，按照《侵权责任法》第83条的规定，其适用于因第三人的过错而导致他人动物致害的情形，而无法适用于因第三人的动物而导致他人动物致害的责任，从而形成法律漏洞。〔2〕

笔者认为，从法律适用的角度来看，为了填补法律漏洞，可以通过类推适用的方式，将《侵权责任法》第83条的规定类推适用于因第三人的动物而导致他人动物致害的情形。当然，

---

〔1〕 郑玉波：《民法债编总论》，中国政法大学出版社2004年版，第164页。

〔2〕［德］拉伦茨：《法学方法论》，陈爱娥译，商务印书馆2003年版，第251页。

此时动物危险的实现与损害之间也必须存在因果关系，动物的饲养人或管理人才应当承担责任。

第三节　产品责任侵权诉讼证明责任的分配

一、涉及产品责任的法律规定及评析

产品责任是产品生产者、销售者对因生产、销售或者提供有缺陷产品并致使他人遭受财产、人身损害时应当承担的民事法律后果，是一种特殊的侵权责任。产品责任赔偿关系中的权利主体，是指因缺陷产品遭受财产、人身损害的人。权利主体主要包括个人消费者，即为个人消费目的购买或使用产品的个体社会成员；另外，权利主体还包括因缺陷产品受到损害的第三人，如产品购买者或者使用者的亲属、邻居和其他人。

我国的产品责任立法相对较晚，主要见于《民法通则》《产品质量法》《消费者权益保护法》《侵权责任法》的一些条文中。上述法律规定一方面提高了法律的可操作性，对保护消费者利益起到了很大的作用；但另一方面，同一问题由不同的法律作出规定，会有所不同，尤其是对于产品的归责原则问题，需要我们去研究、比较，以对司法实践作出正确的指导。

（一）《民法通则》的规定

《民法通则》第 122 条规定：“因产品质量不合格造成他人财产、人身损害的，产品制造者、销售者应当依法承担民事责任。运输者、仓储者对此负有责任的，产品制造者、销售者有权要求赔偿损失。”对此，《证据规定》第 4 条第 1 款第（六）项规定：“因缺陷产品致人损害的侵权诉讼，由产品的生产者就法律规定的免责事由承担举证责任。”

(二)《产品质量法》的规定

在《民法通则》的基础上,1993 年《产品质量法》对产品责任的承担问题也作了相应的规定。具体包括:第 29 条第 1 款规定:“因产品存在缺陷造成人身、缺陷产品以外的其他财产(以下简称‘他人财产’)损害的,生产者应当承担赔偿责任。”第 30 条规定:“由于销售者的过错使产品存在缺陷,造成人身、他人财产损害的,销售者应当承担赔偿责任。销售者不能指明缺陷产品的生产者也不能指明缺陷产品的供货者的,销售者应当承担赔偿责任。”第 31 条规定:“因产品存在缺陷造成人身、他人财产损害的,受害人可以向产品的生产者要求赔偿,也可以向产品的销售者要求赔偿。属于产品生产者的责任,产品的销售者赔偿的,产品的销售者有权向产品的生产者追偿。属于产品的销售者的责任,产品的生产者赔偿的,产品的生产者有权向产品的销售者追偿。”《产品质量法》于 2000 年进行了修订,但上述规定未作修改,只是条文序号发生了变化,上述第 29~31 条分别变为第 41~43 条。

(三)《侵权责任法》的规定

《侵权责任法》第 41 条规定:“因产品存在缺陷造成他人损害的,生产者应当承担侵权责任。”《侵权责任法》第 42 条规定:“因销售者的过错使产品存在缺陷,造成他人损害的,销售者应当承担侵权责任。销售者不能指明缺陷产品的生产者也不能指明缺陷产品的供货者的,销售者应当承担侵权责任。”第 43 条规定:“因产品存在缺陷造成损害的,被侵权人可以向产品的生产者请求赔偿,也可以向产品的销售者请求赔偿。产品缺陷由生产者造成的,销售者赔偿后,有权向生产者追偿。因销售者的过错使产品存在缺陷的,生产者赔偿后,有权向销售者追偿。”

(四)产品责任法律规定的评析

第一,对《民法通则》规定的评析。《民法通则》的规定并不明晰，学界关于产品责任归责原则也存在较大争议。第一种观点认为，产品责任属于过错推定责任。我国经济不够发达，尚不具备产品制造者、销售者承担无过错责任的条件，因而应适用过错推定原则，即无过错责任和过错责任之间的中间责任。借助举证责任倒置的方法，由制造者和销售者负担自己在制造和生产过程中没有过错的证明责任。[1]第二种观点认为，产品责任应适用严格（无过错）责任原则，无论义务主体有无过错，只要是不合格产品致人损害，就应当负赔偿责任，其目的是为了加重产品制造者、销售者的责任，更好地保护消费者的利益。[2]第三种观点认为，产品责任属于过错责任。产品责任属一般侵权行为而不是特殊侵权行为。[3]第四种观点认为，产品质量不合格的事实本身，就应视为产品制造者有过错。《民法通则》第122条的规定是“视为有过错的侵权责任”。“这种‘视为’是法律的认定，责任人不能用证据来推翻这种认定。”[4]第五种观点认为，严格产品责任实际上就是在产品责任制度中实行无过错责任原则。[5]

综上可见，由于《民法通则》的规定含糊不清，会导致学界关于产品责任归责原则的争议较大，正是基于此，《证据规定》第4条第1款第（六）项规定：“因缺陷产品致人损害的侵权诉讼，由产品的生产者就法律规定的免责事由承担举证责任。”应确定的是产品责任实行无过错责任。

---

〔1〕 王利明主编：《民法·侵权行为法》，中国人民大学出版社1993年版，第432页。

〔2〕 杨立新：《侵权损害赔偿》，吉林人民出版社1988年版，第127页。

〔3〕 佟柔主编：《中华人民共和国民法通则简论》，中国政法大学出版社1987年版，第264页。

〔4〕 江平：“民法中的视为、推定与举证责任”，载《政法论坛》1987年第4期。

〔5〕 谢邦宇、李静堂：《民事责任》，法律出版社1991年版，第348页。

第二，对《产品质量法》规定的评析。这些规定与《民法通则》相比，就归责原则本身，《产品质量法》并未作修改，只是就侵权赔偿责任作出了更具体的规定。因此对产品责任归责原则不但未能予以明确，反而加剧了产品责任归责原则的争议。一种观点认为，产品责任有直接责任和最终责任之分，其中直接责任是缺陷产品生产者、销售者直接向受害人所承担的责任；最终责任是产品责任的最终归属，包括生产者的制造责任、销售者的过错责任、产品运输储存者的过错责任。论者主张我国产品责任采二元归责原则，即既适用无过错责任原则，也适用过错责任原则，但以无过错责任原则为主导。[1]但另一种观点认为，生产者承担产品责任实行无过错责任（或严格责任原则）、销售者承担产品责任实行过错责任（或过错推定）原则。销售者在一般情况下仅负过错责任，销售者一般不参与产品制造，对产品制造过程中的缺陷并不了解，也不能控制；因而要求销售者与生产者一同承担无过错责任过于苛刻。[2]

第三，对《侵权责任法》规定的评析。《侵权责任法》第41条的规定，基本沿袭了《产品质量法》第41条第1款的规定。《侵权责任法》第42条规定也基本沿袭了《产品质量法》第42条的规定。《侵权责任法》通过后，就生产者承担产品责任的归责原则基本是一致的，均认为是严格责任原则，即承担无过错责任。但就销售者承担侵权责任的归责原则，却存在两种不同的观点：

第一种观点认为，销售者承担产品责任仍然实行严格责任原则（无过错责任）。《侵权责任法》第42条所规定的销售者的过错仅仅只是在销售者与生产者等其他责任主体之间内部分担

---

〔1〕 张新宝：《侵权责任法原理》，中国人民大学出版社2005年版，第403页。
〔2〕 金福梅：《消费者法论》，北京大学出版社2005年版，第232页。

责任时才有意义，只是说明销售者在承担最终责任时采取过错责任原则。[1]

第二种观点认为，销售者承担产品责任实行过错责任原则。[2]对销售者与生产者适用不同的归责原则，主要是考虑到销售者与生产者在产品生产流通中的地位和责任形式的不同。一般而言，生产者对产品的设计、制造处于积极主动地位，承担着投入流通的产品因制造、设计、警示上存在缺陷而引致的责任；相对而言，销售者则处于较消极的地位，其承担的只是产品投入流通领域时不存在缺陷而营销中存在的产品致损的责任，主要是对因其故意或过失引起的产品缺陷造成的损害承担责任。[3]

笔者认为，根据《侵权责任法》第 41 条、第 42 条和第 43 条的规定，销售者承担产品责任实行过错责任原则；只有在一种情况下，销售者承担产品责任才实行严格责任原则（无过错责任），即《侵权责任法》第 42 条第 2 款规定："销售者不能指明缺陷产品的生产者也不能指明缺陷产品的供货者的，销售者应当承担侵权责任。"因为，在此种情况下，相当于销售者取代了生产者的地位，这时，销售者承担产品责任实行严格责任原则（无过错责任），对于消费者来说才是公平的。

综上，《侵权责任法》在《民法通则》和《产品质量法》的基础上，对产品责任制度作了全面的规定，根据《侵权责任法》的规定，产品责任的归责原则为：生产者应承担严格责任原则，即承担无过错责任；销售者承担过错责任原则；销售者

---

〔1〕 杨立新：《〈中华人民共和国侵权责任法〉条文释解与司法适用》，人民法院出版社 2010 年版，第 277 页。

〔2〕 王胜明主编，全国人大法工委民法室：《〈中华人民共和国侵权责任法〉条文释义与立法解释》，人民法院出版社 2010 年版，第 179 页。

〔3〕 高圣平主编：《〈中华人民共和国侵权责任法〉立法争点、立法例和经典案例》，北京大学出版社 2010 年版，第 470 页。

只有在不能指明缺陷产品的生产者也不能指明缺陷产品的供货者之时，承担产品责任实行严格责任原则（无过错责任）。

二、证明责任的分配

根据《侵权责任法》和《产品质量法》的规定，生产者应承担严格责任原则，即承担无过错责任；销售者承担过错责任原则；销售者只有在不能指明缺陷产品的生产者也不能指明缺陷产品的供货者时，承担产品责任实行严格责任原则（无过错责任）。

（一）作为原告的受害人应承担的证明责任

在这种诉讼中，作为原告的受害人只需就因使用生产者的产品受到损害的事实负证明责任，以及该产品存在缺陷负证明责任。

（二）作为被告的生产者以及不能指明缺陷产品的生产者也不能指明缺陷产品的供货者的销售者应承担的证明责任

上述主体想要免责，应就法律规定的免责事由承担证明责任。关于法律规定的免责事由，根据《产品质量法》第41条第2款的规定，生产者能够证明有下列情形之一的，不承担赔偿责任：

第一，未将产品投入流通的。是指生产者生产的产品虽然经过了加工制作，但根本没有投入销售。根据《产品质量法》第2条关于“产品是指经过加工、制作，用于销售的产品”的规定，“未将产品投入流通”的，不应适用该法。

第二，产品投入流通时，引起损害的缺陷尚不存在的。是指生产者能够证明其将产品投入市场，转移到销售者或直接交付给买受人时，产品并不存在缺陷。这意味着生产者只对其控制下（如设计、制造、储运等）形成的缺陷负责。如果生产者能够证明造成损害的缺陷在其控制产品时并不存在，或者证明缺陷是脱离其控制以后形成的，那么生产者即可进行有效的抗辩。

第三，将产品投入流通时的科学技术水平尚不能发现缺陷的存在的。其基本含义是，如果产品投入流通时的科学技术水平使生产者无法发现产品的缺陷，那么即使日后由于科技的进步证明产品有缺陷，生产者对损害也不负责任。这是新产品开发过程中的风险，该风险是生产者难以预见到的，对其免除责任是合理的。

三、产品缺陷的确定标准

产品存在缺陷，是作为原告的受害人应承担的一个关键的证明责任，要确定产品存在缺陷，必须确定产品缺陷的标准。为此，我国《产品质量法》第 46 条规定："本法所称缺陷，是指产品存在危及人身、他人财产安全的不合理的危险；产品有保障人体健康和人身、财产安全的国家标准、行业标准的，是指不符合该标准。"该条规定确定了我国产品责任立法中认定产品缺陷的标准，即如下两个标准，具备了其中任何一个标准，就构成产品缺陷。

第一，产品具有不合理的危险。我们也可以说这是判定产品缺陷的一般标准。不合理危险如何确定，有多种观点：①应以产品生产时的科技发展水平与生产技术为标准，若依生产时的技术发展水平与生产技术，产品有可能避免却又未避免的缺陷即为不合理危险，以及生产时无可避免之缺陷产品，进入流通领域后尚未进入消费领域前，若已发现且能解决缺陷时，生产者仍应负产品责任。〔1〕②不合理危险是指缺陷产品的生产者或销售者没有尽到最高的注意义务、没有采取最高的预防措施、

〔1〕 娄丙录："我国产品责任制度若干问题的探讨"，载《河南社会科学》2004 年第 4 期。

没有使用最有效的警示，从而使产品无法向消费者提供他们有权期待的安全方式。而不合理危险，并非指产品本身具有危险性，即便是安全产品，也会因使用错误而产生危险。因此，不合理危险，应理解为生产者对产品可能的危险性没有预见，或已预见但无防范措施，或已预见却无法警示，或生产者所作出的警示，没有达到生产者在当时科技条件对某一危险的预见能力。[1]③从产品责任案件的审判经验来看，将产品责任不合理危险情况大致分为两种。一是产品本身应当不存在危及人身、财产安全的危险性。但因设计、生产上的原因，导致产品存在危及人身、财产安全的危险，为不合理危险。二是某些产品因本身性质而存在一定的危险性，但如果在正常合理使用的情况下，对人身、财产安全不至于有所危险，此类产品的危险即属于合理的危险。若因产品设计、制造等原因，导致此种产品在合理使用下也存在危及人身、财产安全的危险，即属于不合理的危险。[2]

笔者认为，对于"产品具有不合理的危险"的理解，虽然观点众多，但我们应把握以下几点：其一，"产品具有不合理的危险"是在没有国家法定的强制性标准的前提下，我们判定产品缺陷的一般标准，具有普遍性；其二，"产品具有不合理的危险"，其中的"不合理"是一个主观判断，即这种"不合理的危险"已超出一般人的理解和掌握的范围，进而作为法官也认为达到了"不合理的危险"；其三，其中的"不合理"，虽然是一个主观判断，但必须有客观后果的发生，即有对人身产生伤害及财产的损坏，且不合理的危险与客观后果之间存在因果

〔1〕谭玲主编：《质量侵权责任研究》，中国检察出版社2003年版，第52页。

〔2〕参见李长友："我国产品责任法律制度的质疑及对策"，载《株洲工学院学报》2004年第3期。

关系。

第二，产品不符合国家法定的强制性标准，我们可称之为判定产品缺陷的法定标准。《标准化法》第10条规定："对保障人身健康和生命财产安全、国家安全、生态环境安全以及满足经济社会管理基本需要的技术要求，应当制定强制性国家标准。"由此可以看出，强制性标准就是国家为控制某些产品的质量，针对该产品制定的保障人体健康、人身财产安全的专门标准，生产者必须严格执行该标准并按照该标准组织生产，凡不符合该标准的产品即应认定产品存有缺陷。与一般标准相比较，法定标准在缺陷判定的实际操作上较为方便，在我国司法实践中，法院审理的诸多产品责任诉讼案件，就是将强制性标准作为认定产品是否存在缺陷的最主要依据加以适用的。

综上可见，一方面产品缺陷可能是产品具有不合理的危险，也可能产品不符合国家法定的强制性标准。另一方面，产品缺陷会发生在生产、制造的各个环节，如生产者在预先制定产品方案时，对产品结构、配方等问题缺乏全面考虑，致使产品存在对人身、财产的不合理危险，这是属于设计缺陷；如在产品的生产制造过程或产品的质量管理过程中，因为原材料、零配件存在缺陷，或者因装配出现错误，导致部分或单一产品具有不合理危险，这是属于制造缺陷；如生产者疏于以适当方式向消费者说明产品在使用方法及危险防止方面应予注意的事项，因而导致产品发生危险，这是属于说明和警示缺陷。以上无论哪一种情况，只要符合了缺陷产品的标准，就属于缺陷产品。

第四节　机动车交通事故侵权诉讼证明责任的分配

一、机动车交通事故责任的概念和特征

（一）机动车交通事故责任的概念

机动车交通事故，是指车辆在道路上因过错或者意外造成的人身伤亡或者财产损失的事件。根据《道路交通安全法》的规定，机动车交通事故由道路、机动车和交通事故三个因素组成：道路，是指公路、城市道路和虽在单位管辖范围内但允许社会机动车通行的地方，包括广场、公共停车场等用于公众通行的场所；机动车，是指以动力装置驱动或者牵引，上道路行驶的供人员乘用或者用于运送物品以及进行工程专项作业的轮式车辆。因此，机动车交通事故责任，是指因在道路上驾驶机动车，过失或意外造成人身伤亡、财产损失而应当承担的侵权责任。[1]或理解为由机动车交通事故引发的民事赔偿责任就是机动车交通事故责任。

（二）机动车交通事故责任的特征

结合我国《侵权责任法》《道路交通安全法》及其他相关法律规定，机动车交通事故责任特征如下：

第一，与一般的侵权责任相比较，机动车交通事故责任是特殊侵权责任。主要体现在以下几点：首先，机动车交通事故责任适用特殊的归责原则，一般的侵权责任适用《侵权责任法》第6条规定的过错责任原则，但是机动车交通事故责任的归责原则适用《道路交通安全法》第76条规定的多元化的归责原

---

〔1〕王利明等：《中国侵权责任法教程》，人民法院出版社2010年版，第667页。

则，既包括过错责任原则，也包括无过错责任原则（详见后述）；其次，机动车交通事故责任的免责事由和赔偿限额均有特殊规定；再次，机动车交通事故责任既要适用《道路交通安全法》的相关规定，也要适用《侵权责任法》的规定，《侵权责任法》第六章专门规定了机动车交通事故责任的法律适用和特殊责任主体，并且在赔偿责任的具体规则上，机动车交通事故责任还要适用侵权责任法的一般规定。〔1〕

第二，机动车交通事故是由“机动车”“道路”“交通事故”三要素组成的。这三个组成要素，也是机动车交通事故责任的三个组成要素。缺少三个要素的任何一个要素都不属于机动车交通事故，也就谈不上机动车交通事故责任。例如，发生在封闭施工路段的事故责任〔2〕，就不属于《道路交通安全法》所规定的道路的范畴，就不可认定为机动车交通事故责任，但是公安机关交通管理部门接到报案的，可以根据《道路交通安全法》的有关规定处理，在民事赔偿上则按照其他侵权责任规则进行处理。

第三，除机动车交通事故责任外，尚有机动车强制保险责任、商业性机动车第三者责任险、道路交通事故社会救助基金等。因此机动车交通事故责任与其他损害转移、分散制度具有异常紧密的联系。机动车交通事故责任仅仅是转移、分散机动车交通事故损害的一种途径。

第四，机动车交通事故责任损害赔偿一般实行限额赔偿原则。有学者指出，关于危险责任应否限制其赔偿数额，系立法

〔1〕 杨立新：《〈中华人民共和国侵权责任法〉条文解释与司法适用》，人民法院出版社 2010 年版，第 309 页。

〔2〕 国家法官学院、中国人民大学法学院编：《中国审判案例要览》（2006 年民事审判案例卷），中国人民大学出版社、人民法院出版社 2007 年版，第 373 页。

政策的重大问题。[1]在德国，多数严格责任法律均规定了固定的或灵活的最高限额来限制具体损害的赔偿数额。例如，《德国道路交通法》第12条规定："对于道路交通法上的责任适用最高限额。目前，对于致人死亡或者致人伤害，最高金额为600 000欧元，并且是一次给付；或者为36 000欧元，系作为年度定期金；在数人损害的情形，通常总额仅为3 000 000/180 000欧元；对于物的损害，最高金额为300 000欧元。"[2]我国的《道路交通安全法》没有规定一个具体的赔偿限额，而是规定"机动车一方没有过错的，承担不超过10%的赔偿责任"。这种比例形式的限额赔偿模式是我国立法的特色。

二、机动车交通事故责任归责原则的确定

（一）机动车交通事故责任的归责原则的学说争议

《侵权责任法》第48条规定："机动车发生交通事故造成损害的，依照道路交通安全法的有关规定承担赔偿责任。"该条规定所指向的就是《道路交通安全法》第76条的规定。该条规定："机动车发生交通事故造成人身伤亡、财产损失的，由保险公司在机动车第三者责任强制保险责任限额范围内予以赔偿；不足的部分，按照下列规定承担赔偿责任：（一）机动车之间发生交通事故的，由有过错的一方承担赔偿责任；双方都有过错的，按照各自过错的比例分担责任。（二）机动车与非机动车驾驶人、行人之间发生交通事故，非机动车驾驶人、行人没有过错的，由机动车一方承担赔偿责任；有证据证明非机动车驾驶人、行人有过错的，根据过错程度适当减轻机动车一方的赔偿

[1] 王泽鉴：《侵权行为》，北京大学出版社2009年版，第17页。

[2] ［德］迪特尔·梅迪库斯：《德国债法分论》，杜景林、卢谌译，法律出版社2007年版，第719页。

责任；机动车一方没有过错的，承担不超过10%的赔偿责任。交通事故的损失是由非机动车驾驶人、行人故意碰撞机动车造成的，机动车一方不承担赔偿责任。”

该条的规定确定了我国机动车交通事故责任的归责原则，但对于机动车因交通事故导致非机动车或行人损害时，归责原则如何理解和确定，学界认识并不一致，争论较大，主要有以下几种不同的观点：

第一，过错推定原则。该种观点认为，在因机动车交通事故致非机动车或行人损害案件中，对于过错的证明应采取推定方式，在原告证明了违法行为、损害事实和因果关系要件之后，法官直接推定机动车一方有过错。机动车一方认为自己没有过错的，应当承担举证责任，实行举证责任倒置，自己证明自己没有过错。能够证明自己没有过错的，免除其责任；不能证明或证明不足的，推定过错成立，应当承担赔偿责任。〔1〕

《道路交通安全法》第76条经修订“改变了原条文的表述，改为‘机动车与非机动车驾驶人、行人之间发生交通事故，非机动车驾驶人、行人没有过错’，以及‘机动车一方没有过错’的表述，这些表述都表明机动车一方与非机动车驾驶人、行人之间承担交通事故责任的归责原则，已经由无过错责任原则改变为过错推定原则。”〔2〕而对于第76条第1款第（二）项中规定的机动车一方最低承担10%的责任，笔者认为，其并非是无过错责任的适用，而是在过错推定原则的基础上，采用“优者危险负担”理论的结果。

---

〔1〕 杨立新、袁雪石、陶丽琴：《侵权行为法》，中国法制出版社2008年版，第59页。

〔2〕 杨立新：“修正的《道路交通安全法》第76条的进展及审判对策”，载《法律适用》2008年第3期。

第二，无过错责任原则。该种观点认为在机动车与非机动车驾驶人、行人之间发生交通事故时，由机动车一方承担责任；当然，在受害人存在过失或者故意时，可以适当减轻或者免除机动车一方的责任。[1]，并且机动车一方的无过错责任并不因其责任比例的大小而改变性质。按照现行《道路交通安全法》第 76 条的规定，机动车一方即使完全没有过错，也要承担 10% 以下的责任，而这个责任就来源于无过错责任原则。保险公司的保险责任与机动车一方的侵权责任同为无过错责任。发生道路交通事故，保险公司在第三者责任强制保险责任范围内承担无过错责任，而对于不足部分，适用无过错责任，由机动车一方承担民事责任。但受害人存在故意或过失时，机动车一方不承担赔偿责任或者可以减轻赔偿责任。[2]

第三，过错责任+无过错责任。道路交通事故责任的归责原则既不能简单地一概适用过错责任原则，也不能一概适用于无过错责任原则或严格责任原则，而应该确立一个归责原则体系，对于不同情况下的责任承担适用不同的归责原则。只有这样才最有利于对受害人的保护，同时也不至于给加害人课加过重的责任。具体而言：保险公司在第三者责任强制保险责任范围内承担无过错责任；道路交通事故社会救助基金对受害人抢救费用的先行垫付适用无过错责任；机动车之间的道路交通事故责任适用过错责任；机动车与非机动车驾驶人、行人之间的道路交通事故适用无过错责任或严格责任。[3]

（二）机动车交通事故责任归责原则的确定

笔者认为，从我国《道路交通安全法》第 76 条的规定来

---

〔1〕 张新宝：《侵权责任法原理》，中国人民大学出版社 2006 年版，第 351 页。
〔2〕 黄萍主编：《侵权行为法》，中国政法大学出版社 2008 年版，第 258 页。
〔3〕 张新宝：《侵权责任法原理》，中国人民大学出版社 2005 年版，第 51 页。

看，根据不同的情况，法律规定了不同的归责原则，具体包括两种情况：

第一，机动车之间发生交通事故的。《道路交通安全法》第76条规定，机动车之间发生交通事故的，由有过错的一方承担赔偿责任；双方都有过错的，按照各自过错的比例分担责任。机动车之间发生交通事故的归责原则实行的是过错原则。因为机动车之间具有相同的地位和能力，没有特殊保护的必要。

第二，“机动车与非机动车驾驶人、行人之间”发生交通事故的，分三种情况：①机动车一方造成非机动车驾驶人、行人损害的，实行“过错推定”。即非机动车驾驶人、行人（原告）证明了违法行为、损害事实和因果关系后，直接推定机动车一方（被告）有过错，将机动车一方过错倒置给机动车一方证明。造成非机动车驾驶人或者行人人身损害的交通事故，实行过错推定原则，是为了改善非机动车驾驶人或者行人在道路交通事故责任中的不利地位，使其能够在举证责任上处于优势地位，更容易证明侵权责任构成而获得更多的赔偿机会，保障自己受到损害的权利得到及时、有效的救济。机动车一方的免责事由是非机动车驾驶人、行人“故意”碰撞机动车造成损害，减责事由是非机动车驾驶人、行人有过失。机动车一方证明其免责事由和减责事由，属于证明责任正置。至于责任的承担：其一，非机动车驾驶人、行人没有过错的（既无故意又无过失），由机动车一方承担赔偿责任；其二，机动车一方有过错的，非机动车驾驶人、行人也有过错的（应为过失），机动车一方需证明该减责事由，则根据过错程度适当减轻机动车一方的赔偿责任。②机动车一方没有过错（既无故意又无过失），并证明自己没有过错的，则承担不超过10%的赔偿责任，此种情况是属于无过错责任。不论机动车一方是否具有过错，都要承担一定的赔偿责任。这符合《侵权责任法》第7条对无过错责任的界定，即“行为人损害他人民事权益，不论行为人有无过错，法律规定应当承担侵权责任的，依照其规定。”采纳无过错责任具有重要的意义：无过错（严格）责任是从整个社会利益之均衡，不同社会群体力量之对比，以及寻求补偿以息事宁人的角度来体现民法的公平原则的，它反映了高度现代化的社会化大生产条件下的公平正义观，也带有社会法学的某种痕迹。无过错责任对于个别案件的适用可能有失公允，但它体现的是整体的公平和正义。③非机动车驾驶人、行人“故意”碰撞机动车造成机动车一方损害的，实行“过错责任”。即机动车一方作为原告，请求非机动车驾驶人、行人承担责任，应当按照“过错责任”，主张责任构成要件事实，并予以证明。

三、机动车交通事故侵权诉讼证明责任的分配

由于根据《侵权责任法》和《道路交通安全法》的规定，机动车交通事故责任所确定的是多元化的归责原则，因此，在不同的归责原则的情况下其证明责任的分配规则是有区别的，诉讼中其主体地位的不同，承担的证明责任也不同。

（一）机动车交通事故侵权诉讼中的保险公司

保险公司在机动车交通事故侵权诉讼中应处于被告的地位。无论机动车交通事故责任人有无过错，保险公司均得（在机动车第三者责任强制保险责任限额范围内）承担赔偿责任，此为“无过错责任”。保险公司的免责事由是“受害人故意”碰撞机动车造成损害的。[1]

（二）机动车交通事故的责任主体

在《侵权责任法》颁布之前，关于机动车交通事故的责任

〔1〕 参见《机动车交通事故责任强制保险条例》第21条第2款。

主体的法律规定是不清楚的。《道路交通安全法》第 76 条分别使用了机动车、非机动车驾驶人、行人这些模糊的词语，并无机动车保有人的概念。

目前，对于机动车交通事故的责任主体的认定，无论是实务界还是理论界均认可以“运行支配”和“运行利益”之二元说作为判断标准。确定机动车交通事故的责任主体有两个标准：一是运行支配权，即谁对车辆的运行具有支配和控制的权利；二是运行利益的归属，即谁从车辆的运行中获益。[1]也就是说，某人是否是机动车损害赔偿责任的主体，以该人与机动车之间是否有运行支配和运行利益的关联性加以确定。

为此，《侵权责任法》对几种具体机动车交通事故责任主体的认定也作了规定，包括第 49 条的规定：“因租赁、借用等情形机动车所有人与使用人不是同一人时，发生交通事故后属于该机动车一方责任的，由保险公司在机动车强制保险责任限额范围内予以赔偿。不足部分，由机动车使用人承担赔偿责任；机动车所有人对损害的发生有过错的，承担相应的赔偿责任。”第 50 条的规定：“当事人之间已经以买卖等方式转让并交付机动车但未办理所有权转移登记，发生交通事故后属于该机动车一方责任的，由保险公司在机动车强制保险责任限额范围内予以赔偿。不足部分，由受让人承担赔偿责任。”第 51 条的规定：“以买卖等方式转让拼装或者已达到报废标准的机动车，发生交通事故造成损害的，由转让人和受让人承担连带责任。”第 52 条的规定：“盗窃、抢劫或者抢夺的机动车发生交通事故造成损害的，由盗窃人、抢劫人或者抢夺人承担赔偿责任。保险公司在机动车强制保险责任限额范围内垫付抢救费用的，有权向交

---

〔1〕 祝铭山主编：《交通事故损害赔偿纠纷》，中国法制出版社 2004 年版，第 298 页。

通事故责任人追偿。”第53条的规定：“机动车驾驶人发生交通事故后逃逸，该机动车参加强制保险的，由保险公司在机动车强制保险责任限额范围内予以赔偿；机动车不明或者该机动车未参加强制保险，需要支付被侵权人人身伤亡的抢救、丧葬等费用的，由道路交通事故社会救助基金垫付。道路交通事故社会救助基金垫付后，其管理机构有权向交通事故责任人追偿。”

（三）“机动车之间”发生交通事故侵权诉讼证明责任的分配

保险公司在机动车第三者责任强制保险责任限额范围内赔偿以后，不足的部分按过错的比例分担责任。因此，“机动车之间”发生交通事故的，由有过错的一方承担赔偿责任；双方都有过错的，则按照各自过错的比例分担责任，即适用“过错责任原则”和“证明责任一般分配规则”。

（四）机动车一方造成非机动车驾驶人、行人损害的交通事故侵权诉讼证明责任的分配

第一，原告，即非机动车驾驶人、行人承担的证明责任包括：

①须是机动车在使用中或运行中发生的交通事故。使用中或运行中，是指机动车在发挥其功能的过程中，如果不是在发挥其功能的过程中致人损害，也不能发生机动车交通事故责任。如机动车在车展中由于展台倒塌致使观众受到人身损害，此时车辆就不在运行中，应该适用一般侵权责任或者其他特殊侵权责任的规定，而不能适用机动车交通事故责任的规定。又如，车辆停靠在路边自燃导致他人损害的，也不适用机动车交通事故责任的规定。②机动车交通事故必须造成一定的损害。有损害才有赔偿。机动车交通事故责任中造成一定的损害是指机动车在使用中侵害他人权益造成损害，主要是一些人身伤亡或者

财产损失。③机动车事故与损害之间具有因果关系，是指机动车交通事故与损害之间的引起与被引起的关系，多采取必然因果关系说和相当因果关系说，且相当因果关系说已经得到实务界广泛认可。④机动车之间发生交通事故的情形中被告应具有违法行为。因为，该种情况实行“过错推定原则”，所以在证明了违法行为、损害事实和因果关系后，直接推定机动车一方（被告）有过错，将机动车一方过错倒置给机动车一方证明。〔1〕

第二，被告，即机动车一方的免责事由是非机动车驾驶人、行人“故意”碰撞机动车造成损害，减责事由是非机动车驾驶人、行人有过失。机动车一方证明其免责事由和减责事由，属于证明责任正置。

（五）非机动车驾驶人、行人“故意”碰撞机动车造成机动车一方损害的交通事故侵权诉讼证明责任的分配

在这种情况下，非机动车驾驶人、行人“故意”碰撞机动车造成机动车一方损害的，实行“过错责任”。即机动车一方作为原告，请求非机动车驾驶人、行人承担责任，应当按照“过错责任”，主张责任构成要件事实，并予以证明。

---

〔1〕 王利明主编：《〈中华人民共和国侵权责任法〉释义》，中国法制出版社2010年版，第246~247页。

第八章 CHAPTER 8 证明责任的免除

第一节　证明责任的免除概述

一、证明责任免除的概念及相关法律规定

（一）证明责任免除的概念

证明责任的免除，是指对于不需要采用证据加以证明就可以在裁判上加以确认的事实，因它们已不再成为实际诉讼中的证明对象，从而免除相应当事人证明责任的制度，也称为免证事实。

根据我国《民事诉讼法》第64条第1款规定："当事人对自己提出的主张，有责任提供证据。"这一规定体现了"谁主张，谁举证"的证明责任一般原则，法律之所以规定当事人对自己提出的主张承担证明责任，其目的是通过当事人的举证行为，避免不利的裁判后果。因为纠纷都发生在诉讼之前，法官对案件事实无从知晓，也不必预先知晓，需要借助当事人举证来查明。但是，在审判实践中，并非为当事人主张的所有事实都需要提供证据加以证明，有些情况下，对某些事实不需要证明即可被视为真实，并免除有关当事人的举证责任。证明责任的免除也是民事诉讼证据制度的重要内容，更是证明责任制度的重要组成部分。

（二）证明责任免除的相关法律规定

对那些可以免去证明责任的事实，一些国家往往在法律中作出明确规定。我国《民事诉讼法》对此虽未规定，但在司法实践中同样是承认这些事实存在的。进而在相关的司法解释中作出规定。

第一，最高人民法院在《证据规定》中除在第 8 条中明确规定当事人在诉讼过程中承认的事实无须举证外，还在第 9 条中规定："下列事实，当事人无需举证证明：（一）众所周知的事实；（二）自然规律及定理；（三）根据法律规定或者已知事实和日常生活经验法则，能推定出的另一事实；（四）已为人民法院发生法律效力的裁判所确认的事实；（五）已为仲裁机构的生效裁决所确认的事实；（六）已为有效公证文书所证明的事实。前款（一）（三）（四）（五）（六）项，当事人有相反证据足以推翻的除外。"对上述六项事实，除第二项外，都允许当事人提出相反的证据证明其与真实情况不符，这些事实一旦被反证推翻，主张这些事实，以这些事实作为诉讼请求依据或反驳诉讼请求依据的当事人仍须对它们负证明责任。

第二，在《证据规定》的基础上，2015 年最高人民法院对免证事实进一步作了明确的规定。《司法解释》第 93 条规定："下列事实，当事人无须举证证明：（一）自然规律以及定理、定律；（二）众所周知的事实；（三）根据法律规定推定的事实；（四）根据已知的事实和日常生活经验法则推定出的另一事实；（五）已为人民法院发生法律效力的裁判所确认的事实；（六）已为仲裁机构生效裁决所确认的事实；（七）已为有效公证文书所证明的事实。前款第二项至第四项规定的事实，当事人有相反证据足以反驳的除外；第五项至第七项规定的事实，当事人有相反证据足以推翻的除外。”第92条规定：“一方当事人在法庭审理中，或者在起诉状、答辩状、代理词等书面材料中，对于己不利的事实明确表示承认的，另一方当事人无需举证证明。对于涉及身份关系、国家利益、社会公共利益等应当由人民法院依职权调查的事实，不适用前款自认的规定。自认的事实与查明的事实不符的，人民法院不予确认。”

2015年最高人民法院《司法解释》与《证据规定》对免证事实的规定相比较，两点不同，其一，将推定的事实分成了两种，即根据法律规定推定的事实和根据已知的事实和日常生活经验法则推定出的另一事实；其二，将“前款（一）、（三）、（四）、（五）、（六）项，当事人有相反证据足以推翻的除外”改为“前款第二项至第四项规定的事实，当事人有相反证据足以反驳的除外；第五项至第七项规定的事实，当事人有相反证据足以推翻的除外”。上述修改，更符合免证事实的客观实际情况。

二、免证事实抗辩权的行使与司法认知

（一）免证事实抗辩权的行使

《民事诉讼法》的首要原则就是当事人地位平等原则，它贯穿于整个民事诉讼的过程。因此，在法院认证过程中当法院对某一事项依职权予以采信，势必在当事人之间的抗辩对峙关系上造成某种失衡状况。因为，司法认知的采纳，意味着有关事实不经证据证明即可被认为系一种真实来看待，从而免除了有关当事人的证明负担。法院认知事实，无论其为主要事实，或为证明其他事实之证据事实，有初步成立表面可信的效力，但仍应向当事人提供抗辩的机会。如为必须认知的事项，仍可由当事人或其律师提供资料或报告，以协助法院作出正确的认知；如属于法院依自由裁量而予以认知的事项，应准许当事人提供

证据加以反驳。如有反证推翻，则该事项仍归属于以证据证明的范围。

《司法解释》第 93 条规定也表明免证事实的确定过程就是一方当事人主张，而另一方当事人进行抗辩，最终由人民法院通过司法认知确定其为免证事实的效果。该规定是符合《民事诉讼法》规定的平等原则的。

（二）司法认知

司法认知，又称审判上的知悉，是指法官在审判过程依职权对有关当事人的事实主张采用了审判上的认知，从而导致免除该有关当事人证明责任的诉讼效果的产生。我国台湾学者李学灯先生认为，适用认知法则的直接效力，为毋庸举证，即可免除当事人的举证责任。

在诉讼证明领域，司法认知多从狭义角度来理解，即司法认知是指法院在审理过程中依申请或依职权，以裁定的形式对特定事实的真实性直接予以确认的事实认定方法。法院对一定事实无须当事人举证即确认其真实性，及时排除当事人无合理根据的争议，以确保审理高效有序地顺利进行。作为一种民事证据制度，司法认知具有以下法律特征：

第一，司法认知具有客观性，不论当事人是否承认，这些事实都是客观存在的；而且其主体是法院，是法院的诉讼行为，是法院行使审判权的一种方式。在诉讼活动中，法院既可以依职权进行司法认知，当事人也可以申请法院对特定的事实进行司法认知，不过是否进行司法认知的决定权属于法院。

第二，司法认知具有确定性和公认性。司法认知一旦被法官适用，即可免除当事人的举证责任，其效力是不受限制的。司法认知反映了人类社会发展进程中思维观念的不断进化，是公知公示原则在证据制度上的具体体现。

第三，司法认知是一种便捷的诉讼证明方式。对司法认知的事实，当事人无须举证，法院也无须作证据调查。司法认知实际上免除了法院的调查和审查判断义务，省略了当事人举证、质证和辩论的过程，具有简便性。

从世界各国关于司法认知对象的规定看，英美法系国家在立法上规定的认知对象范围较宽，而大陆法系各国则相对较窄。《司法解释》对免证事实作了明确的规定。第 92 条规定："一方当事人在法庭审理中，或者在起诉状、答辩状、代理词等书面材料中，对于己不利的事实明确表示承认的，另一方当事人无需举证证明。"第 93 条规定："下列事实，当事人无须举证证明：（一）自然规律以及定理、定律；（二）众所周知的事实；（三）根据法律规定推定的事实；（四）根据已知的事实和日常生活经验法则推定出的另一事实；（五）已为人民法院发生法律效力的裁判所确认的事实；（六）已为仲裁机构生效裁决所确认的事实；（七）已为有效公证文书所证明的事实。"对上述免证事实，一经司法认知便产生相应的法律效力：首先，对主张该事实的当事人无须举证，即具有免除当事人证明责任的法律效力，不论是待证的主要事实，还是间接事实，均可因司法认知而免于举证；其次，若无反证或者无新的事实出现，法院可以将其直接作为裁判的基础。为保证认知行为的严肃性，法院应当以裁定的方式作出司法认知。

综上，《司法解释》第 93 条规定表明，对于众所周知的事实、根据法律规定推定的事实及根据已知的事实和日常生活经验法则推定出的另一事实，当事人有相反证据可以反驳；对于已为人民法院发生法律效力的裁判所确认的事实、已为仲裁机构生效裁决所确认的事实及已为有效公证文书所证明的事实，当事人有相反证据可以推翻。以上规定证明法律规定的免证事实是基础，在此基础上相对一方当事人可以行使抗辩权，通过相反证据对免证事实予以反驳，或通过相反证据对免证事实予以推翻，最终由人民法院通过司法认知来确定是否为免证事实，并免除当事人的证明责任。

第二节　自然规律以及定理、定律和众所周知的事实

一、自然规律以及定理、定律的事实

自然规律，是指客观事物在特定的条件下所发生的本质联系和必然趋势的反映。它是为人们通常所感知的客观现象及周而复始地或频繁地出现的那些具有内在的必然联系的客观产物，例如，太阳从东方升起，日落之后天色就会黑暗下来，在地面上的水分被蒸发以后就会变成天上的云雾，等等。所谓定理，是指在科学上于特定条件下已被反复证明属于发生一定变化过程的必然联系，因而被人们普遍采用为原则性或规律性的命题或公式，如自然科学上的诸种定理，等等。它是以公理为基点进而演绎推导出来的一种真实命题，比如说“在任何一个三角形中，如果两角相等，则其对边也相等”，便是几何学中的一个定理。

在审判实践中，当有关案件事实涉及反映自然规律及定理的事实时，一般应当作为免予证明的事实来对待。例如，树木向阳面生长快，一般靠北面的树桩年轮较密，南面的较疏；在喜水植物（如芦苇）丛生的地方，容易发现地下水资源；离地面越高，空气越稀薄，且气温也越低。再如潮汐的涨落、生物有机体的新陈代谢、能量守恒与转换定律、作用与反作用定律等。

自然规律及定理、定律等都是业已证明的人类智慧的结晶，

系被生活实践和科学技术证明了的真理性事实，也无须当事人再举证证明，一般可免除当事人的证明责任。但是，科学定理很多，审判人员未必尽知。此时，主张的一方当事人就应当进行解释，告诉审判人员可以从何处寻证。

二、众所周知的事实

（一）众所周知的事实的含义

众所周知的事实，一般指的是人们所共知的常识性事实，即在通常的社会条件下无须人们证明就可知晓的事实，例如：10 月 1 日是中华人民共和国的国庆节，每年的农历 8 月 15 日为中国传统的中秋节，2008 年冬季我国南方发生了特大冰灾，等等。亦即众所周知，其真实不容有所争执。在判例上有的称为绝大多数人所知，有的称为尽人所知，有的称为相当知识人所知，有的称为一般公知的人，或绝大多数的人，或接近该事件一般人而言。其意义即与所谓一般公知无异。中国法院之判例，对于所谓“显著”，系指某事实为“一般所周知”。对于所谓“公知事实”，系指“一般人所知悉”的“显著事实”，“不容有所争执者而言”。

（二）众所周知的事实界定标准之学说

从众所周知的事实所应当予以界定的标准以及各国法律的比较来看，通常采取三种界定方式，这三种界定方式包括：

第一，普遍说。所谓普遍说对于众所周知事实的理解是包括法官在内的社会普通成员都应当知晓的事实。例如在英国，1917 年 Issacs 法官在一份判决中认为，凡是一项事实的众所周知性已经达到按照情理能推定每一个普通人都知道的程度时，法官就可以认为已在司法上知悉。

第二，相对说。持有相对说的观点认为，所谓众所周知的事实本应为社会一般成员都应当知悉，但也不能排除其中的相对性。如日本学者认为，众所周知的事实是指社会上具有普遍知识经验的人都无可置疑地周知的事实。比如历史上的著名事件，天灾及其他新闻等社会上家喻户晓的事实。但是，是否众所周知的事实也是相对的。有时是为法院知道的事实，但是否众所周知则不明确，需要对该事实是否众所周知加以证明。另外，众所周知的事实也有违背真实的情形，但这种情形，实则属于一种例外。

第三，区域说。持有区域说的观点认为，众所周知的事实应限于一定范围内的一般人所知悉。例如，美国联邦证据法即把审判上认知的事实限于为该审判法院的管辖区内所周知的范围。实际上，相对说与区域说二者在逻辑范畴上具有重合之处，众所周知事实的相对性也可以一定区域内的限定为标准。

与经验法则不同，众所周知的事实多指具体的事实，其范围包括历史事件、法定节日、新闻事件、国界省界、日常生活知识和经验等。某件事实是否为众所周知，往往因时间、地域而异。众所周知的事实，存续时间有长有短，地域范围有大有小。有些是长久为众所知，有些则存续短暂；有些在一省、一国乃至世界范围内为众所知，有些仅在一县等较小的地域内为该地域的众人所知（如地方性事件、地方习惯等）；有些为全社会所普遍知悉，有些则为某些或者某个领域内众人所知（如行业性事件、行业习惯或惯例等）。因此不管采取何种标准，笔者认为，众所周知事实应符合两个条件：①为一定地域内的一般人或大多数人知晓，而不是指每一个人都知道；②能够通过便捷的途径而无须诉讼证明就可获知或查实。构成众所周知事实的最低标准是，在受诉法院管辖区内为大多数人所知晓。

（三）我国众所周知的事实的范围及界定

在审判实践中，虽有一些事实按常理产生审判上的知悉力，然则实属法官自由裁量的范围。我国最高法院的《司法解释》中，将众所周知的事实列为当事人免证的事实，这种规定过于笼统，对众所周知的事实的含义并未加以相应的界定，因此，在审判实践中交由法官据情理自由裁量。但是，在实际审判中，由于案情纷繁复杂，再由于众所周知的事实属相对概念，因此，难免使这种据情裁量显得宽窄不一，容易出现偏差。

为了防止法官滥用裁量权作出对案件事实的不当认定，许多国家的判例与学说许可当事人提出相反主张，并许可当事人以反证对其加以质疑。笔者认为，我国应兼采以上两种观点的优越之处，即一方面应肯定法院对众所周知的事实有径行认定的职权，以保护法院在裁判上认定的事实与事实的真情趋于一致，同时，也应许可因该事实被认定而处于不利境地的一方当事人，在庭审辩论中对此提出不同主张，利用反证来对其加以质疑，以确保双方当事人在认定事实面前都享有平等的机会。

因此，众所周知的事实，是指已为审判人员在内的大众所了解的客观事实。一般来说，具备以下两个条件即可认定为众所周知的事实：一是为社会成员所普遍知晓或者应当知晓，二是为承办本案的法官所了解。如该事实虽为社会多数人所了解，但承办本案的法官不了解，仍可要求当事人举证证明。认定某事实是否为众所周知的事实，应根据该事实发生时间的远近、传播范围的大小等因素确定。

第三节　当事人诉讼上自认的事实

一、诉讼上自认的含义

就当事人自认的含义来说，有广义和狭义之分。广义的当事人自认，包括：对诉讼请求和作为诉讼标的前提的权利或法律关系的承认；对实体事实的承认，有诉讼上自认和诉讼外自认之分；对证据的承认；对程序事项的承认；等等。但能够产生免证事实效果的，指的是狭义上的自认，即诉讼上自认，又可以称为承认或判决上自认，是指在本案审判过程中，当事人（自认人）对于己不利的事实向本案审判法官所作出的承认。它是《民事诉讼法》中的一项重要制度，在大陆法国家和英美法国家均有规定，但两大法系对自认的规定在概念和范围上不尽相同。我国《证据规定》也将自认作为免证事实加以规定，其第8条规定："诉讼过程中，一方当事人对另一方当事人陈述的案件事实明确表示承认的，另一方当事人无需举证。但涉及身份关系的案件除外。"《司法解释》第92条规定："一方当事人在法庭审理中，或者在起诉状、答辩状、代理词等书面材料中，对于己不利的事实明确表示承认的，另一方当事人无需举证证明。"

自认人在诉讼中对于己不利的事实的承认，意味着双方当事人对此事实不存在争议，那么无须对方当事人对此事实举证，基于辩论主义，法官应当直接将此事实作为判决的根据。也就是说，由于诉讼上自认限定了当事人对于案件事实的争执范围和举证的范围，所以，诉讼上自认实际上是一种证明规则或诉讼规则，是当事人对事实的处分行为，而不属于证据的范畴。

在理解诉讼上的自认的含义时，要注意与诉讼上的认诺区别开。所谓诉讼上的认诺，是指在诉讼中被告对原告诉讼请求的承认。两者的区别包括两个方面：首先，认诺的客体为原告提出之诉讼请求，而自认的客体为对方当事人主张的对己不利之案件事实，所以两者的客体不同；其次，当事人在诉讼上认诺后，对于认诺的当事人而言，可以直接导致败诉的结果，而自认的法律后果表现为免除了对方当事人的举证责任，并不必然导致自认人败诉的结果。因此，二者的法律后果是不同的。

二、自认的分类

对于自认我们可以根据不同的标准来作出分类，但自认的分类标准应当客观、准确、纯粹，即可以按照确定的分类标准，准确地将自认进行分类，自认的分类可以使我们能更全面地认识自认制度。在民事诉讼理论界，对自认的分类比较有代表性的主要有以下几种：

（一）根据当事人作出自认的场所与时间的不同，可分为诉讼上的自认和诉讼外的自认

①诉讼上的自认是指在诉讼过程中，当事人（自认人）对于己不利的事实向本案审判法官所作出的承认。诉讼上的自认必须在法庭或者法官面前为之。作出自认的时间可以是在开庭审理前的准备阶段，如被告在提交的答辩状中作出自认或者是在回答审判人员的庭审前的询问时表示自认；也可以在开庭审理的过程中作出，如在法庭调查的陈述中或是在法庭辩论阶段作出。诉讼上的自认可以产生免除举证责任的效力。②诉讼外的自认是指当事人在法庭以外，对对方当事人提出的于己不利的事实的承认。由于诉讼外的自认不是直接向法庭作出的，因而各国立法都不承认诉讼外的自认有免除举证责任的效力。因此，诉讼外的自认只可以作为证据使用，只有在作出诉讼外自认的当事人又在诉讼中向法庭作出了承认，才可能发生免除相对方举证责任的效果。

因此，对于自认，我们应确定是诉讼上的自认，还是诉讼外的自认。因为二者产生的法律效力是不同的，只有诉讼上的自认才可以产生免除举证责任的效力，而诉讼外的自认只可以作为证据使用。

（二）根据当事人作出自认的形式的不同，可分为明示的自认和默示的自认

①明示的自认，是指当事人对对方当事人提出的于己不利的事实通过明确的意思表示予以承认的一种自认形式。一旦进行了明示的自认，即可产生免除对方当事人举证责任的效力。最高人民法院颁布的《证据规定》第8条第1款规定："诉讼过程中，一方当事人对另一方当事人陈述的案件事实明确表示承认的，另一方当事人无需举证。但涉及身份关系的案件除外。"②默示的自认，也称作拟制的自认，是指对对方当事人在诉讼过程中提出于己不利的事实，既不作肯定的意思表示，也不作否定的意思表示。因此法律就视为其承认了对方当事人提出的于己不利的事实。一般情况下，默示的自认与明示的自认效力是相同的，即都能产生免除对方举证责任的效力。我国《证据规定》第8条第2款规定："对一方当事人的陈述的事实，另一方当事人既未表示承认也未否认，经审判人员充分说明并询问后，其仍不明确表示肯定或者否定的，视为对该事实的承认。"

此外，很多国家的法律对默示的自认都作了相应规定，如《日本民事诉讼法》第159条第1款规定，当事人在口头辩论之中，对于对方当事人所主张的事实不明确地进行争执时，视为对该事实已经承认。但是，根据辩论的全部旨意，应认为争执了该事实时，则不在此限。《法国民事诉讼法》第198条规定，法官对各方当事人的声明，对一方当事人不回答或拒绝问题之事实，得作出法律上的结论并且以书证之端绪对待之。

（三）根据自认主体的不同，可分为当事人本人的自认和当事人诉讼代理人的自认

①本人的自认是指当事人及其法定代理人所为的自认。这种自认是实践中最常见的，也是最典型的，当然也是由于一般

情况下，自认都是由当事人本人作出的。②代理人的自认是指受当事人、法定代表人或者法定代理人的委托，代为进行诉讼活动的人所为的自认。代理人的自认一般被视为当事人的自认，但代理人毕竟不同于当事人，因此，根据法律规定，在司法实践中对代理人的自认要注意两个问题，其一，自认的代理人必须要有当事人的特别授权，而且代理人对事实的承认会直接导致承认对方诉讼请求的除外；其二，当事人在场但对其代理人的承认不作否认表示的，视为当事人的承认。

综上，当事人本人的自认相对好确定，但对于代理人的自认在认定时要谨慎。

三、诉讼上自认的构成条件

因诉讼上的自认会产生免证的效果，根据我国《民事诉讼法》《证据规定》以及《司法解释》的规定，诉讼上的自认必须具备以下构成条件：

（一）必须在法定的时间内进行自认

当事人自认的时间必须发生在本案诉讼进行中，具体来说，可以在开庭审理前的准备程序中进行自认，也可以在法庭审理的过程中作出自认。此外，当事人在起诉状、答辩状中所承认的对己不利的事实，都可以发生自认的效力。但应注意的是，当事人在另一案件审理的过程中进行的自认不属于诉讼上的自认，不能产生免证的效力，只能作为证据使用。

（二）必须是对法律许可的对象进行自认

当事人的自认必须针对法律允许自认的事实，原则上仅限于主要事实，但对于间接事实能否作诉讼上的自认，意见不一。多数人认为，间接事实不能作诉讼上的自认，因为会有违自由心证原则。自由心证原则，要求法官应根据自己良知自由判断主要事实的真实性，若承认法院所怀疑的间接事实的自认的拘束力，则意味着法官只得据此自认来认定主要事实，从而限制了法官自由判断主要事实。但也有学者认为，对间接事实的自认并不妨碍法院根据其他间接事实通过自由心证来认定主要事实的存在与否，并且只要没有其他间接事实否定自认的间接事实，就可以通过自认的间接事实推论主要事实。[1]另一些学者认为，由于主要事实与间接事实在诉讼中毕竟具有不同的地位，所以将间接事实的自认与主要事实的自认完全等同也是不合理的。[2]

笔者认为，对于主要事实与间接事实的自认要具体问题具体分析，一概否认间接事实的自认是不客观的。事实上，在一些情形中，绝对地区分主要事实与间接事实，并据此确定诉讼上自认的对象，也可能产生不利的后果。因此，在某些情况下，把规范性要件事实和符合该要件的具体事实结合起来作为主要事实，更可保证公平诉讼。因此，符合规范性要件的具体事实也应纳入诉讼上自认的范围。但是，间接事实的自认不得与主要事实的自认相冲突，否则是无效的。

虽然诉讼上自认的对象是案件实体事实，但是，并非所有的实体事实均可由当事人自认。一般说来，以下事实不得成为自认的对象：①法官依职权探知的事实。因为法官依职权探知的事实一般涉及公益，由法官以公益维护者身份依职权收集并查明其真相，不许可当事人自认，目的在于防止当事人作出虚假的自认而有害于公共利益。②涉及婚姻关系和亲子关系等人身关系的案件事实。因为涉及公共秩序和社会的善良风俗，各

---

〔1〕 张卫平：《诉讼构架与程式》，清华大学出版社 2010 年版，第 425 页。

〔2〕 江伟主编：《民事证据法学》，中国人民大学出版社 2011 年版，第 145～146 页。

国法律均规定不许可当事人自认。③诉讼请求或法律、法规、法律的解释。如前所述，当事人针对诉讼请求所作的承认在民事诉讼理论上称为认诺，不同于自认。对于法律、法规、法律的解释的问题属于法院职权范围内的事项，不能以当事人的自认拘束法院的裁决权。④法官司法认知、裁判已决和推定的事实。上述事实的真实性已经得到确定，法官应予直接采用，自无适用自认的必要。

（三）必须是对于己不利的事实的认可，且必须采用法律许可的方式

在民事诉讼中，如果是当事人对于己有利的事实的认可，只构成当事人的陈述，而不产生自认的效力。而且，对于自认的方式，我国相关民事诉讼法律既许可明示的自认，也许可默示的自认。这两种方式均能产生自认的效力。

（四）须与对方当事人的事实主张相一致

自认的内容须与对方当事人主张的事实相一致，可以是全部一致（即完全自认），也可以是部分一致（即部分自认）。应注意的是，一般情况下，一方当事人先作出对自己有利的事实陈述，然后另一方当事人对该于己不利的事实承认。从而产生自认的效力。但是实践中也会出现一方当事人（自认人）先作出于己不利的事实陈述，对方当事人在此之后对该陈述加以引用，在这种情况下也构成自认，即所谓先行的自认。但是，先行的自认在被对方当事人引用之前是没有拘束力的，在被引用之后，产生自认的拘束力，作出自认的当事人不能撤回该自认。[1]

---

〔1〕［日］高桥宏志：《民事诉讼法——制度与理论的深层分析》，林剑锋译，法律出版社 2003 年版，第 386 页。

四、诉讼上自认的效力

虽然当事人于诉讼中作出自认的形式多种多样，但只要具备了有效的构成条件，经法院确认后，将会对诉讼中的各方主体产生法律效力，即拘束力，包括以下几个方面：

第一，对自认方的效力。对于作出自认的当事人而言，在诉讼中不得就已自认的事实再行争执，也不得主张与自认事实相反的事实。而且自认一经作出，除非由于法定原因不得撤回。

第二，对对方当事人的效力。自认对对方当事人的效力主要是免证力，即对对方当事人而言，该当事人对自认方的自认范围内的事实无须再承担证明责任。如我国《证据规定》第 8 条第 2 款规定："诉讼过程中，一方当事人对另一方当事人陈述的案件事实明确表示承认的，另一方当事人无需举证。但涉及身份关系的案件除外。"再如《德国民事诉讼法》第 288 条规定："当事人一方所主张的事实，在诉讼进行中经对方当事人于言词辩论中自认，或者在受命法官或受托法官前自认而作成记录时，无须再要证据。"〔1〕

第三，对人民法院的效力。对于人民法院而言，自认对法院具有拘束力，法院须受自认的拘束，这是自认制度的核心。人民法院应当将自认的事实作为认定案件事实的依据，在当事人自认的事实范围内不得再进行证据调查，自认的内容应当成为人民法院认定案件事实的依据。并且，自认对人民法院的拘束力不仅表现在一审程序中，在二审程序及再审程序中，人民法院同样应当受到当事人自认的拘束。

但是，自认对人民法院的拘束力并不是绝对的，在人民法

---

〔1〕 参见谢怀栻译：《德意志联邦共和国民事诉讼法》，中国法制出版社 2001 年版。

院认为当事人的自认是出于恶意或自认是为了达到规避法律或其他非法目的，或自认可能会给国家利益、社会公共利益或他人合法权益造成损害时，人民法院可以不受当事人自认的约束。

五、诉讼上自认的撤回

根据诉讼上自认的效力，当事人的自认一经作出就会对自认方、对方当事人及人民法院发生拘束力，进而对诉讼的结果产生重要影响。但当事人难免因意思表示错误而作出自认，从保护自认人的角度来说，禁止撤回自认是不合理的。再说，辩论主义表现为当事人对事实证据的处分，所以应当允许自认人撤回自认。但是，如果许可当事人任意撤回自认，将会扰乱诉讼程序、破坏诉讼安定和造成诉讼迟延。因此，对自认的撤回，应作出必要的限制，根据我国《证据规定》的规定，当事人的自认的撤回应具备以下条件：

第一，当事人必须在法庭辩论终结前撤回自认。这是属于撤回自认的程序要件。法律之所以规定当事人撤回自认必须在法庭辩论终结前，是由于如果允许当事人在法庭辩论终结后撤回自认，则人民法院对于自认的事实是否存在将无从查明，而且对于对方当事人而言，自认方如果在法庭辩论终结后撤回自认，法庭辩论一旦结束，举证方就失去了提出证据进行证明的机会。

第二，撤回自认必须经对方当事人同意，或者有充分证据证明其自认行为是在受胁迫或者重大误解情况下作出且与事实不符。这是属于撤回自认的实质要件。在诉讼中，自认的撤回并不是自认方个人的私事，出于保护对方当事人利益的考虑，法律规定，自认的撤回必须经过对方当事人的同意。但是，在当事人有证据证明其自认的行为是在受到威胁或重大误解的情况下作出的，并且自认的内容与事实不符时，由于自认并非当事人真实的意思表示，应当允许当事人撤回自认。自认能否被撤回，由法官最终决定。

第三，自认的撤回仅适用于明示的自认。默示自认是推定为自认，很难说就一定是自认人的真实意思，所以在言词辩论最后终结前，自认人可以随时撤回默示自认。对于默示的自认，由于当事人在自认时没有明确的意思表示，因此只要在法庭辩论终结前或在上诉审程序中，对默示的自认所涉及的事实加以争执，就可以使自认不再发生法律效力。而且自认被撤回后，对方当事人的证明责任自行恢复。

第四节　预决的事实

一、预决的事实的含义

预决的事实，是发生法律效力的判决所确定的事实，是指当先前有关案件的事实为法院的生效判决所确认时，便对与之相关联的尚未作出裁判的另一案件的待证事实产生预决的效力，其中已为先前裁判所确认而作为另一个未决案件待证事实的事实，在诉讼法上称为预决的事实。例如，法院在刑事判决中所确认的被告人构成非法拘禁罪的事实，对在此之后被害人要求该被告人赔偿财产损失的民事诉讼中，就起到预决的作用，可以免予证明。判决书，既包括民事判决书，也包括刑事判决书和行政判决书。其中，某法官审判的案件，其判决所确认的事实，既属于该法官依职务所知悉的事实，又属于预决的事实。

预决的事实之所以不需要证明，一是因为该事实已为人民法院所查明，客观上无再次证明的必要；二是因为该事实已为人民法院裁判所确认，该裁判具有法律约束力，这种约束力也包括对该事实认定上的不可更改性；三是可以避免人民法院就同一事实在两起诉讼中作出相互矛盾的认定；此外，也有利于节约诉讼成本，提高诉讼效率。为此，《证据规定》第 9 条对之作了明确的规定，已为人民法院发生法律效力的裁判所确认的事实，当事人无须举证，但对方当事人有相反证据足以推翻的除外。

二、预决的事实的具体情况

预决的事实，是发生法律效力的裁判所确定的事实，其中所谓的“裁判”，主要是指法院的判决，包括生效民事判决、生效刑事判决及生效行政判决。

第一，为生效民事判决所预决的事实。这里主要是指人民法院依普通程序或简易程序作出的判决中认定的事实。该类判决也称为争讼判决。依特别程序所作判决也称为非讼判决。在我国，非讼判决主要有宣告公民失踪的判决、宣告公民死亡的判决、认定公民无民事行为能力的判决、认定公民限制民事行为能力的判决、认定财产无主的判决、除权判决等。督促程序中的支付令也属于非讼判决。非讼判决中认定的事实是法院作出判决时的事实状态。判决作出后，事实状态可能发生变化，因此法律允许人民法院依据新的事实状态作出新判决，撤销原判决。但是，是否出现了新的事实状态，仍需人民法院通过非讼程序才能认定。所以，原非讼判决所确定的事实未被新的非讼判决改变的情况下，原非讼判决仍具有预决的效力。

第二，为生效刑事判决所预决的事实。由于大多数犯罪行为同时也是民事侵权行为，所以刑事判决的预决效力通常表现在民事侵权诉讼中。人民法院在刑事判决中认定的事实能够对民事诉讼产生预决效力是没有问题的，但这种预决效力并不是绝对的，应根据不同的刑事判决的情况来确定其预决效力。如果是有罪判决的已决事实，在后续民事诉讼中，具有预决的效力。无罪判决的已决事实，如果是以被指控的违法行为不存在或者被告人并未参与违法行为等为由，作为被告人无罪判决的，该判决中的已决事实，具有预决效力；如果无罪判决的作出是因为事实不清、证据不足，即未达到刑事证明标准，在后续的民事诉讼中，应当根据民事证明标准作出判决，不受无罪判决所否定的犯罪事实的效力拘束。

第三，为生效行政判决所预决的事实。人民法院在行政诉讼中判决认定的事实，因其具有了司法认定的性质，对后续的民事诉讼会产生预决效力。但是，行政判决所确认的事实能够对民事诉讼具有预决效力，必须具备相应的条件：①后续民事诉讼中的当事人参加过行政诉讼，是行政诉讼中的当事人；不但参加了行政诉讼，而且对已决事实进行了举证、质证。②行政判决所确认的事实必须与当事人在民事诉讼中主张的事实具有一定的关联性。这种关联性表现为行政争议与民事争议之间具有联系或两种性质的诉讼请求之间的关联性。

最后，对于预决的事实，即发生法律效力的裁判所确定的事实要注意三个问题。其一，由于法院裁定所处理的程序事项和临时性救济事项，多具有紧迫性，通常采用快捷的“自由证明”和“释明”，裁定的效力通常仅存在于本案的诉讼程序中，并且处理临时性救济事项的裁定还具有临时性和附属性，即本案终局判决可以变更或撤销此类裁定。〔1〕因此，法院裁定所确认的事实通常不应有预决效力。其二，根据《证据规定》第67条规定：“在诉讼中，当事人为达成调解协议或者和解的目的作出妥协所涉及的对案件事实的认可，不得在其后的诉讼中作为

〔1〕 邵明：《正当程序中的实现真实》，法律出版社2009年版，第167页。

对其不利的证据。”因此，法院调解书所确认的事实也是没有预决效力。其三，已经发生法律效力的判决，如果确实存在明显错误，但未经当事人申诉或审判机关发现和裁判更正，这种错误的裁判文书所确认的事实，是属于预决的事实，但能否产生免证的效果，最终要通过司法认知予以确认。

第五节　仲裁裁决所确认的事实和公证证明的事实

一、仲裁裁决所确认的事实

（一）仲裁的含义

所谓仲裁，是指双方当事人通过订立仲裁协议，自愿将现在已经发生或者将来可能发生的争议提交约定的非司法机构的第三者居中进行审理并作出有约束力的仲裁裁决的争议解决制度。

根据处理的纠纷是否含有涉外因素，仲裁可分为国内仲裁和涉外仲裁。国内仲裁是本国当事人之间为解决没有涉外因素的国内民事及商事纠纷的仲裁；涉外仲裁是处理涉及国外或外法域的民事及商事争议的仲裁。就一个国家而言，国内仲裁和涉外仲裁都是该国仲裁制度的组成部分。涉外仲裁是从一个国家的角度对仲裁所作的分类，从国际范围来看，各国涉外仲裁则构成国际民商事仲裁的一个组成部分。

目前，在我国，无论是国内经济活动中，还是对外经贸活动中，仲裁都已成为解决国内、涉外经济纠纷的主要方法之一。相对而言，仲裁在解决对外经贸活动争议中的地位更加重要，依我国的法律政策和习惯，在争议发生后，一般先由争议各方当事人直接友好协商，经协商不能解决，则在各方自愿的基础上通过协议，将争议提交仲裁解决。从发展趋势看，今后仲裁的适用范围将更加广泛。它与诉讼以及协商、调解等方式一并构成我国解决民事及商事纠纷的体系。

（二）仲裁的特征

仲裁作为一种具有民间性的争议解决制度，与诉讼制度相比较，具有以下法律特征：

第一，自愿性。自愿性也称为自主性，是仲裁最主要的法律特征。自愿性体现在仲裁解决争议的许多方面，具体而言，对于一项争议，是否将其提交仲裁解决、仲裁机构的选择、仲裁庭组成形式的确定以及具体组成人员的选定、仲裁所适用的程序法和实体法、仲裁审理方式以及仲裁裁决中是否写明争议事实与裁决理由等都是由双方当事人在自愿的基础上合意确定的。这是契约自治原则在仲裁领域中的充分体现。

第二，专业性。由于仲裁所解决的是民商事纠纷，往往可能会涉及民商事不同领域中的各种专业技术问题。因此，为适应纠纷解决过程中对各种专业问题的需要，各常设仲裁机构均聘任法律、经济、贸易、运输和海事等领域的专家作为仲裁员，并按专业设置仲裁员名册，供当事人选择。由此可见，与诉讼相比较，仲裁具有极强的专业性特征。

第三，灵活性。由于仲裁制度从其产生之初就是建立于双方当事人自愿的基础上的，因此，即使发展为现代仲裁制度，在仲裁解决争议案件的过程中，也不像诉讼那样需要受到严格程序法律规范的约束，双方当事人在仲裁程序中的很多具体环节上拥有选择权，这就必然使得仲裁具有很大的灵活性。

第四，保密性。仲裁审理案件时通常实行不公开审理的原则，并且各国有关的仲裁立法和仲裁规则都对仲裁员以及相关人员的保密义务作出明确的规定，使得当事人的商业秘密以及贸易信息不至于因争议的发生与解决而泄露，这样既有利于争议的解决，也有利于维护当事人之间的和谐关系。可见，仲裁具有很强的保密性。

第五，快捷性。与实行两审终审制的诉讼相比较，仲裁所实行的一裁终局制度使得仲裁具有快捷性，不仅有利于争议迅速快捷地解决，而且有利于提高争议解决的效率。

第六，经济性。仲裁的经济性，即仲裁具有相比于诉讼而言，费用较为低廉的特性，这是因为，其一，仲裁所具有的专业性使得仲裁在解决争议案件时可能大大加快了对争议案件进行审理并作出裁决的速度，这就减少了当事人多次往返参加仲裁所需要的各种费用；其二，通常来说，仲裁费用要比诉讼费用低；其三，仲裁实行"一裁终局"制度，这就极大简化了解决争议案件的程序，缩短了审理期间，从而也就大大降低了解决争议所需要的费用。

第七，独立性。各国有关仲裁的立法均规定，仲裁机构独立于行政机关，仲裁机构与行政机关以及仲裁机构相互之间不具有隶属关系；仲裁独立进行，不受行政机关、社会团体和个人的干涉，这就从仲裁机构与仲裁活动两个方面体现了仲裁所具有的独立性。

（三）仲裁裁决所确认的事实成为免证事实的依据

第一，相关法律规定的依据，包括：

（1）《民事诉讼法》第124条第1款第（二）项规定："依照法律规定，双方当事人达成书面仲裁协议申请仲裁、不得向人民法院起诉的，告知原告向仲裁机构申请仲裁。"第237条规定："对依法设立的仲裁机构的裁决，一方当事人不履行的，对方当事人可以向有管辖权的人民法院申请执行。受申请的人民法院应当执行。"

（2）《仲裁法》第5条规定："当事人达成仲裁协议，一方向人民法院起诉的，人民法院不予受理，但仲裁协议无效的除外。”第9条规定：“仲裁实行一裁终局的制度。裁决作出后，当事人就同一纠纷再申请仲裁或者向人民法院起诉的，仲裁委员会或者人民法院不予受理。”第62条规定：“当事人应当履行裁决。一方当事人不履行的，另一方当事人可以依照民事诉讼法的有关规定向人民法院申请执行。受申请的人民法院应当执行。”

《民事诉讼法》和《仲裁法》的上述规定就构成了仲裁制度中的或裁或审和一裁终局的制度。

（3）根据《证据规定》第9条第1款第（五）项规定，已为仲裁机构的生效裁决所确认的事实属于免证事实。

（4）在《证据规定》的基础上，2015年最高人民法院《司法解释》对免证事实进一步作了明确的规定。第93条第1款第（六）项也规定了已为仲裁机构生效裁决所确认的事实属于免证事实。

依据《民事诉讼法》和《仲裁法》确定的仲裁制度中的或裁或审和一裁终局的制度，《证据规定》和《司法解释》确定了仲裁机构生效裁决所确认的事实属于免证事实。

第二，成为免证事实的理论依据。《证据规定》和《司法解释》之所以确定了仲裁机构生效裁决所确认的事实属于免证事实。是因为仲裁裁决和生效的民事判决一样具有既判力。

仲裁中的既判力是从国外民事诉讼法理论中移植过来的一个概念。它是指在法院对作为诉讼标的的法律关系作出终局判决后，当事人就不得以该法律关系为标的再行提起诉讼。作为既定的判决，当事人在其他诉讼中所提出的论点或论据都不得与其相抵触；法院在其他诉讼中不得作出与其相反的判决。对于该判决所确定的法律关系，当事人不得再以其为标的另行起诉，法院也不得再受理以其为标的的起诉。如果当事人再行起诉，法院应以其违背一事不再理原则为由裁定驳回起诉。

将既判力概念引入仲裁领域是可以的也是必要的。因为，虽然仲裁与诉讼之间存在许多差异，但从内涵上讲，生效仲裁裁决和生效诉讼判决在确定争议法律关系方面是相同的。倘若不承认生效仲裁裁决的既判力，设定仲裁制度所希望达到的目的就不能实现。而且，确定仲裁裁决既判力事由依据的，一是双方当事人的合意。即裁决之所以产生既判力，是由于当事人双方在纠纷发生前或纠纷发生后，以仲裁协议形式表达的愿意将纠纷提交仲裁，并服从仲裁机构终局裁决的共同意愿。质言之，有效仲裁协议的存在是裁决对双方当事人具有既判力的基础性根据。二是国家法律的规定。《仲裁法》《民事诉讼法》及其他有关仲裁的规范对仲裁协议效力的规定，是裁决具有既判力的另一重要根据。如果国家不以法律的形式确立协议仲裁制度，不承认仲裁协议具有排除法院管辖权的效力，裁决也不会有既判力。比如我国在《仲裁法》颁布之前实行“一裁二审”制，此时裁决本身的命运如何就是不确定的（可能被法院推翻），裁决的既判力自然更是无从谈起。可以说，只有仲裁协议而没有相应的法律规定，仲裁裁决就不会形成具有强制性的约束力，至少不会对当事人之外的其他主体形成约束力。

再有，仲裁裁决的既判力具有相应的内容，包括：①稳定性。即裁决既判力一经形成，作出该裁决的仲裁机构就不得返回来再处理已经审理的案件，不得重新审查、变更已作出的裁决。②排他性。即裁决一旦作出，包括法院、作出裁决的仲裁机构及其他任何仲裁机构、当事人的上级主管部门及所在的行业协会在内的任何机关、组织和任何个人都不能变更该仲裁裁决。这是裁决对社会具有约束力的表现。③预决性。即对于已经由生效裁决确认的事实或法律关系，不容许在其他纠纷的解决程序中进行争执或重新审核。换言之，已为生效裁决确认的事实在其后发生的纠纷解决程序中属于不需要证明的已知事实，可直接作为法院判决或仲裁机构裁决的根据；对生效裁决确认的法律关系，其后的判决或裁决不得与之冲突。④强制性。主要是指当事人必须服从生效裁决对其纠纷的处理，不得就同一事实和理由另订仲裁协议向作出该裁决的仲裁机构或其他任何仲裁机构重新申请仲裁；也不得以同一事实和理由向法院提起诉讼或请求其他任何机关或组织变更已生效的仲裁裁决。

综上所述，虽然仲裁裁决是带有民间性的仲裁机构作出的，但由于法律规定其为生效的法律文书，更具有司法性，和生效的民事判决相同，都具有既判力，因此，仲裁裁决所确认的事实属于免证事实。

二、公证证明的事实

（一）公证的概念及法律效力

公证，是指公证机关根据当事人的申请，依法对法律行为，法律事实和文书确认其真实性、合法性的证明活动。在我国，公证书是由法定职能机构依照法定程序对有关法律行为、法律事实及文书予以证明的一种特殊文书。公证书一经作出，即具有法律效力。这种效力表现在三个方面：一是证据效力或证明效力，二是强制执行效力，三是法律行为成立要件的效力。公证书在公文性书证中具有显著的地位和重要的作用。各国的法律赋予经公证证明的法律行为、法律事实和文书很强的证据效力。一些国家的法律规定，除非有足以推翻它们的相反的证据，法院在诉讼中应直接将它们作为认定事实的根据。

但应注意的是，在免证这一问题上，经公证证明的事实与法律上推定的事实和预决的事实是有区别的。对于法律上推定事实的当事人来说，证明责任的免除是彻底的，由于证明责任因推定的作用已被转移于对方，所以该当事人在任何情况下都不会对此负证明责任。预决事实的免除也是比较彻底的免除，除非认定预决事实的判决被撤销。经公证证明事实的免除具有相对性，因为法律允许提出反证，公证证明一旦被反证推翻，主张该事实的当事人就不得不重新负担起证明责任。经公证证明事实的免除是在证明责任未发生转移情况下的免除，因而不具有彻底性。

（二）公证证明的事实成为免证事实的依据

第一，相关法律规定的依据，包括《民事诉讼法》第 69 条规定：“经过法定程序公证证明的法律事实和文书，人民法院应当作为认定事实的根据，但有相反证据足以推翻公证证明的除外。”《公证法》第 36 条规定：“经公证的民事法律行为、有法律意义的事实和文书，应当作为认定事实的根据，但有相反证据足以推翻该项公证的除外。”根据《证据规定》第 9 条的规定，已为有效公证文书所证明的事实，提出该事实的当事人无须举证证明。根据《司法解释》第 93 条第 1 款第（七）项规定，已为有效公证文书所证明的事实是属于免证事实。因此，上述法律、司法解释对公证证明的事实成为免证事实均作了相应的规定。

第二，成为免证事实的理论依据。公证行为亦属国家的司法行为，公证机关对事实的确认，是依照法定程序，经过严密的审查后作出，一般都具有真实性。因此，当事人提出公证文书证明所主张的事实后，人民法院就不必再对该文书进行审查，也不必再要求该当事人提供其他证据，只要对方当事人未提出足以推翻公证证明的相反证据，人民法院就可以直接将它作为认定事实的根据。可见，经公证证明的事实在诉讼中之所以成为免证事实，是因为该事实的真实与否已被公证文书所证明。也正是从这一意义上说，主张该事实的当事人的证明责任被免除。

但是，法院对公证事实采用司法认知确认其免证效果后，必须保障对方当事人提供反证推翻公证事实的机会。

第九章 CHAPTER 9 推定与证明责任的分配

第一节 推定概述

一、推定的含义

对于推定的含义，从我国和世界其他国家或地区来看，有着不同的观点。

关于推定的最一般的描述为：推定是根据某一事实的存在而作出的与之相关的另一事实存在（或不存在）的假定，这种假定与证据问题息息相关，它可以免除主张推定事实的一方当事人的证明责任，并把证明不存在推定事实的证明责任转移于对方当事人。[1]

也有学者认为，证据法中的推定，是根据法律规定或经验法则，从已知的前提事实推断出未知的结果存在，并允许对方当事人举证推翻的一种证明规则。其中，作为推论前提的是已知事实，一般称之为“基础事实”或“前提事实”；依据推定所得的结果事实，一般称之为“结论事实”或“推定事实”；作为沟通基础事实与结论事实之桥梁的推论关系，既可以是法

---

〔1〕 李浩：《民事证明责任研究》，法律出版社 2003 年版，第 194 页。

律规则也可以是经验规则。推定是由前提事实来推定结论事实的真实性，所以推定本身并非证据，而是一种证明规则。[1]

此外，多数国家还从广义上理解和解释推定，因而在“推定”一词下往往集合着各种法律规定。这些规定的情况相当复杂，有的虽使用了“推定”二字却不具有推定的实质，有的虽然在外观上酷似推定但并非真正的推定。即便都是推定，性质上存在的差异也使得它们对证明责任的影响有所不同。

笔者认为，我国民事诉讼中的推定应包括法律上的推定与事实上的推定。其中法律上的推定又包括直接推定和推论推定。但法律拟制（即不可推翻的推定）、有关证据效力的规定不宜归入推定。而且推定仅仅是一种假定，即使具有合理性，也未必都符合实际，所以理应允许反驳、争议，不能争议、反驳的并非推定。

再有，根据《证据规定》第 9 条第 1 款第（三）项的规定，根据法律规定或者已知事实和日常生活经验法则，能够推出的另一事实，属于免证事实，当事人有相反证据足以推翻的除外。2015 年《司法解释》第 93 条第 1 款第（三）项也规定，根据法律规定推定的事实属于免证事实，当事人有相反证据足以反驳的除外。因此，根据上述司法解释的规定，推定的事实属于免证事实，即不需要采用证据加以证明就可以在裁判上加以确认的事实，它们已不再成为实际诉讼中的证明对象，因而推定是免除相应当事人证明责任的制度，也被称为证明责任的免除。

二、世界各国的民事诉讼理论对推定的分类

世界各国的民事诉讼法中都对推定作了规定，但各国的规

---

〔1〕 江伟主编：《民事证据法学》，中国人民大学出版社 2011 年版，第 137~138 页。

定及证据理论对推定的解释和分类却不尽相同。

第一，大陆法系对推定的分类。大陆法系的诉讼理论将推定分为狭义与广义。狭义的推定指真正意义上的法律上的推定，广义的推定除真正的法律上的推定外，还包括意思推定、法定证据法则、暂定真实。狭义的推定也称为推论推定，是法律推定中最典型的、最标准的推定，是依据法律从已知事实推论未知事实、从前提事实推论推定事实的推定。大陆法系学者称之为“真正的法律上推定”。如《日本民法典》第 619 条关于租赁合同默示更新的推定，该条规定，租赁期间届满后，承租人继续进行承租物的使用及收益，出租人知之而不述异议时，推定为以与前租赁同样的条件，继为租赁。《日本民法典》第 250 条规定，各共有人的应有部分不明时，推定为均等。再有，法律规定失踪达一定期限的人被推定为死亡，夫妻关系存续期间出生的子女被推定为婚生子女等。这种推定，可以减轻主张推定事实的一方当事人的证明责任，并且可以将证明责任从一方转移给另一方。从上述规定可以看出，除有关事实的推定外，法律上的真正推定还包括有关权利状态的推定。在广义的推定中，意思推定是关于意思表示法律评价标准的解释性规定；法定证据法则是法律关于某种证据效力的规定；暂定真实是法律不依据任何前提事实便假定某一事实状态存在。它们中有些虽然也与证明责任相关，但同法律上真正推定是有区别的。

第二，英美法系对推定的分类。在英美法国家的证据理论中，推定传统上被分为三类：①不可反驳的推定，就是法律对推定的事实不允许当事人直接予以反驳。如对于古文书的推定，凡 30 年间由正当保管人保管且无任何涂改的文书，均被推定为真实的、合法作成的。②可反驳的推定，就是法律对推定的事实允许提出反证，换句话说，这种推定成立的前提条件，必须是没有其他证据能够推翻推定的事实。如对所有权的推定，占有动产或不动产的人，推定为财产的合法所有人。在缺乏相反证据的情况下，法官或陪审团必须假定推定事实存在。③事实上的推定。这种推定是法官或陪审团依据日常生活的经验，从一事实的存在作出的另一事实的结论。如关于保持现状的推定，该推定认为任何事物的现存状态都会持续一段时间，除非有证据表明现存状态已发生了变化，否则该状态被推定继续存在下去。这种推定与前两种推定的主要区别在于它不是由法律规定的。

第三，苏联民事诉讼理论对推定的分类。苏联的学者与其他国家的学者一样也把注意力集中于法律上的推定。他们通常把推定分为三种：不可推翻的推定、可以推翻的推定、事实的推定。但多数学者否认存在不可推翻的推定。他们认为在苏维埃民事诉讼中，不存在不容反驳的证据推定。任何假定，都可以用诉讼证据加以反驳。“但是，如果法院发生了怀疑，法院可以采取措施来审查被推定的事实是否符合实际（在苏维埃法律中没有不容辩驳的推定）。”〔1〕

三、推定的作用

世界各国的民事诉讼法不约而同地都对推定作了规定，而且立法者在设定推定制度时，会有各种不同的考虑，以实现各种不同的目的。因此，对推定的作用的分析，不仅能够深刻理解各种推定的意义，而且有助于正确把握它们与证明责任的关系。全面分析研究推定的作用，至少有五个方面：

第一，能达到诉讼经济的目的。推定可以使法院根据已查

〔1〕［苏］多勃罗沃里斯基：《苏维埃民事诉讼》，李衍译，法律出版社 1985 年版，第 206 页。

明的事实或显著的事实直接对权利或另一事实作出认定，而不必再耗费时间进行证明，从而达到诉讼经济的目的。而诉讼经济是现代各国民事诉讼制度努力实现的目标，可以使法院和当事人通过较少的投入获得尽可能多的效益。我国《著作权法》第 11 条第 4 款规定："如无相反证明，在作品上署名的公民、法人或者其他组织为作者。"《法国民法典》第 533 条规定："地上或地下一切建筑物、种植物、设施物，如无相反的证据，则推定为土地所有人以自己的费用所设置并归其所有……"这些规定都体现了推定在诉讼经济上所起的作用。

第二，推定在认定事实上基本是准确的。法院在审理案件时是以事实为依据，以法律为准绳。因此，先要认定事实，而法院认定事实一方面是通过获得证据去证明它，另一方面是通过推定。当然，推定自然没有用证据证明得准确，但可以达到大体准确的程度。之所以推定在认定事实上基本是准确的，是因为事物之间存在着普遍的联系，它们之间的联系是如此的密切，以至于某一事物存在时，人们根据日常生活的经验便可以得知，只要不存在例外情况，就会合乎逻辑地引起另一事实发生或者另一事物就不可能与它同时存在。这些事物之间的联系呈现出规律性。事物之间这种有规律的联系使立法者或司法者相信，通过推定来认定案件事实基本是准确的。

第三，对于有些在证明上存在困难的事实可以起到缓解作用。在诉讼中，有些案件事实的特点决定了对其加以证明是非常困难的。但是，当这些难以证明的事实成为当事人主张的依据，并成为诉讼中双方争执的对象时，主张该事实存在的一方仍然要承担证明责任。缓解证明上的困难显然是十分必要的，否则，主张这些事实的当事人获得胜诉的概率会比较低。在这种情况下，推定就能起到相当重要的作用，使本来极难证明的事实变得较为容易。

第四，使证明责任的分配更公正。在诉讼中，某些情况下如果按证明责任分配的一般规则进行分配，有可能对某一方当事人来说是不公平的，此时可以通过推定使证明责任的分配更公正。如《证据规则》第 75 条规定："有证据证明一方当事人持有证据无正当理由拒不提供，如果对方当事人主张该证据的内容不利于证据持有人，可以推定该主张成立。"在有关新产品的制造方法发明专利的侵权纠纷中，我国《专利法》第 61 条第 1 款推定制造同样产品的单位或个人使用了原告的专利方法，由被告就自己的产品制造方法负证明责任，便是这方面的典型例证。

第五，对于依靠证据无力解决的情况，可以借助推定来实现立法者所希望实现的社会政策。有些情况依靠证据是无力解决的，但为了确定当事人之间的权利义务关系又必须确定该事实，否则法律的适用就会陷入困境，当事人之间的权利义务关系就会处于不确定状态。这时可以借助推定，一方面解决依靠证据无力解决的情况，另一方面用来表达立法者所倡导的某种价值取向，用来实施立法者所提出的某种社会政策。如我国法律规定中"互有继承关系的几个人在同一事件中死亡，如果不能确定死亡先后时间的，推定为没有继承人的人先死亡"，立法者明白无误地向社会表明国家尽量使死者的财产由他的合法继承人继承，而不是作为无主财产收归国家或集体所有的政策；在道路交通事故损害赔偿诉讼中，法律推定驾车者是经过汽车主人的同意后才驾驶车辆的，是为了使交通事故的受害者有更多得到赔偿的保障，同时也是为了促使汽车的所有人谨慎地挑选驾车者以促进交通安全。

四、适用推定应当注意的问题

推定不是通过证据来证明案件事实，而是通过思维过程来证明案件事实，因此，推定的正确适用给当事人及法院提出了较高的要求。若没有达到这样的要求，很有可能导致法院认定事实出现错误，进而构成当事人上诉或再审的理由。因此，正确的适用推定应注意以下几个问题：

第一，适用推定是有前提条件的，即只有在没有证据证明案件事实，或者运用证据证明将明显不便或导致不必要的浪费时，才能运用推定来确认事实。在证据裁判原则之下，“（运用证据）证明胜于推定”。

第二，主张推定事实的当事人须先证明前提事实，前提事实证明后则推定事实亦得到证明。

第三，推定的事实最终能被法院认定，作为定案的依据，应是建立在当事人地位平等和程序公正的基础之上的。即主张推定事实的当事人在证明前提事实后，主张推定事实时，应当保障相对一方当事人的程序参与权，即当事人有权表达意见，进行抗辩，特别是保障对方当事人提供反证的机会。对方当事人可以通过以下方式推翻推定：对前提事实提出反证、对推定事实提出反证、证明前提事实与推定事实不存在因果关系或逻辑关系。只有对方当事人没有提供充足反证，推定才有效力，才能采用推定事实。

此外，在同一诉讼中，两个或数个推定之间若发生冲突，根据《美国统一证据规则》第 302 条的规定，适用基于分量更重的政策考量作出的推定；若它们是基于同等分量的政策考量，则不适用任何推定。此规定也可以作为我们国家解决同样问题的参考。

第二节 法律上的事实推定与证明责任的分配

一、法律上的事实推定的概念及种类

法律推定是法律明文规定的推定，是指根据法律的规定，从某一事实推断出另一事实存在（或不存在）的一种证据规则。法律推定可分为法律上的事实推定和法律上的权利推定。法律上的事实推定，是指法律规定以某一事实的存在为基础，推断待证事实存在的推定。根据相关法律规定，法律上的事实推定包括推论推定和直接推定两种。

（一）法律上的推论推定

法律上的推论推定是指法律从已知事实推论未知事实所得出的结果。这种推定广泛存在于世界各国的民事、经济法律中，因此在各类推定中，法律上的推论推定是最典型、最标准的推定，也有学者将它称为“真正的法律上推定”。在这种推定中，存在着已知事实甲和未知事实乙，已知事实是作出推论所依据的事实，所以通常被称为“基础事实”或“前提事实”；未知事实是从已知事实中推断出的结论，故被称作“推定事实”。如《民法总则》第46条规定：“自然人有下列情形之一的，利害关系人可以向人民法院申请宣告该自然人死亡：（一）下落不明满4年；（二）因意外事件，下落不明满2年。因意外事件下落不明，经有关机关证明该自然人不可能生存的，申请宣告死亡不受2年时间的限制。”该规定就是推论推定，规定了自然人下落不明满4年或因意外事件，下落不明满2年（为基础事实或前提事实），法律规定推定该自然人死亡。

（二）法律上的直接推定

直接推定是指法律不依赖于任何基础事实便假定某一事实

存在。在民事法律中都可以找出这类推定，典型代表是《侵权责任法》中的“过错推定”。我国《侵权责任法》的这一规定推定所有人或管理人有过错，第85条规定：“建筑物、构筑物或者其他设施及其搁置物、悬挂物发生脱落、坠落造成他人损害，所有人、管理人或者使用人不能证明自己没有过错的，应当承担侵权责任。”该规定就是对建筑物、构筑物或者其他设施及其搁置物、悬挂物的所有人、管理人的过错推定，这种过错推定，并不依赖于任何基础事实。

直接推定也是一种假定，因该推定而处于不利地位的一方当事人可以进行抗辩，提供反证推翻这一推定，在这一点上它与推论推定是相同的。但是推论推定具有减轻和转换证明责任的作用，而直接推定的作用仅在于确定关于推定事实不存在的证明责任由哪一方当事人负担。再有，直接推定不依赖于任何基础事实，而推论推定是以基础事实的存在被确认为前提的。可见直接推定与推论推定的区别还是很明显的，因此，我们要注意在适用时把它们区别开。

二、法律上的事实推定与证明责任的分配

在具体案件中，证明责任的分配方式直接影响着当事人的败诉风险及其大小。因此，推定对于证明责任分配的影响，直接关系到诉讼双方当事人在诉讼证明中的处境。

（一）推论推定与证明责任的分配

推论推定对司法实践具有非常重要的意义，因为它直接关系到对方当事人负担的究竟是证明责任还是提供反证的责任，关系到法官在证据对抗中如何对事实作出认定。对这一问题，我国法律并未作出规定，笔者认为推论推定对证明责任的影响表现在以下两个方面：

第一，对于主张推定事实的一方当事人来说是减轻了证明责任。推定的事实证明起来相对来说是比较困难的，但由于推定的存在，证明的困难被大大地降低了，主张推定事实存在的当事人只需要举证证明基础事实的存在即可。而基础事实往往是比较容易证明的，基础事实被证明后，法院就会依照法律的规定作出存在推定事实的假定，从而极大减轻了主张推定事实存在的一方当事人的证明责任。

第二，对于对方当事人而言，推定意味着证明责任的转换。在大陆法系国家，一般都认为法律上的事实推定具有将不存在事实的证明责任转移给对方当事人的效果。按照罗森贝克的解释，法律上推定之所以会产生转移证明责任的效果，是因为“不是法官从推定的先决条件中得出推定的事实，而是法律对此作出了规定。因此，通过反面的证明来对法律中的推定予以反驳不是反证，而是本证，且可以申请讯问当事人”。〔1〕日本学者亦认为，对方当事人为达到推翻推定的目的，仅仅提出证据使推定事实的存在达到可疑的程度是不够的，而是必须达到证明推定事实不存在的程度。因此，该当事人负担的是本证而不是反证的责任。〔2〕

按照证明责任分配的一般原则，主张适用特定法律规范的当事人，应就该法律规范所需的要件事实承担相应的证明责任。但是，这一分配原则因推定的介入而产生了变化：在推定作用下，关于该要件事实（推定事实）的证明责任最终将转换到反对推定事实的当事人身上（即发生了证明责任倒置）。换言之，

---

〔1〕［德］罗森贝克：《证明责任论》，庄敬华译，中国法制出版社 2002 年版，第 218 页。

〔2〕［日］兼子一、竹下守夫：《民事诉讼法》，白绿铉译，法律出版社 1995 年版，第 113 页。

该当事人必须提出充分的证据证明不存在推定事实。仅仅是提出一些证据，使推定事实存在与否陷于真伪不明状态，是不足以完成其证明责任的。

（二）直接推定与证明责任的分配

因为直接推定不依赖于任何基础事实，所以法院在适用该推定时不要求因推定而处于有利地位的一方当事人证明任何事实，因此直接推定对因推定而处于有利地位的一方当事人而言不产生影响。

再有它不产生转换证明责任的作用，它的作用仅在于确定关于推定事实不存在的证明责任由哪一方当事人负担。在建筑物、建筑物上的搁置物、悬挂物致人损害引起的侵权诉讼中，法律推定作为所有人或管理人的被告有过错，无非是说被告应就自己无过错负担证明责任而已。实际上，直接推定并非是根据一事实与另一事实之间的逻辑关系作出的推论，它不过是以推定形式表现出来的确定证明责任由谁负担的实体法规范而已。

第三节　事实上的推定与证明责任的分配

一、事实上的推定的含义

所谓事实上的推定，也称为事实推定，是指在民事诉讼中，审判人员有时会根据某一已被确认的事实，按照自己的生活经验或科学原理，推论与之相关的诉讼中需要证明的另一事实是否存在。[1]即事实上的推定是由法院依据经验法则和逻辑规则，从已知的基础事实推断出推定事实的一种证据规则。如根据被告在诉讼中销毁或隐匿证据这一事实，推断出该证据对其不利。

〔1〕 李浩：《民事证明责任研究》，法律出版社2003年版，第204页。

多个前提事实可以推论出一个结果事实，但是若一个前提事实推断出数个结果事实时，则不得适用推定。

法院适用事实上的推定，事实上是运用经验法则和逻辑规则来认定案件事实。因此，事实上的推定必须合乎经验法则和逻辑规则。事实上的推定的结果必须是合理的、准确的、强有力的、始终一致的。

二、事实上的推定的条件

人民法院适用事实上的推定，必须同时具备下列条件：

（一）事实上的推定的前提条件是前提事实或基础事实必须已经得到法律上的确认

所谓前提事实得到确认，是指下列情形之一：①众所周知的事实；②法院于职务上所知悉的事实；③判决所确认的事实；④经公证证明的事实；⑤诉讼上自认的事实；⑥仲裁裁决所确认的事实；⑦已由证据认定的事实。

（二）事实上的推定与间接事实密切相关，若能够凭借直接证据加以证明，则无须适用事实推定

因此，只有在无法直接证明待证事实的存否的情况下，才能借助间接事实推断待证事实。这是事实推定的又一必要条件。

（三）事实上的推定的逻辑条件，同时也是最关键的条件是，前提事实与推定事实之间须有客观的联系

这种联系或互为因果，或互为主从，或互为排斥，或互为包容。

（四）事实上的推定的生效条件是许可对方当事人提出反证，并以反证的成立与否确认推定的成立与否

对方当事人既可以就前提事实提出反证，也可就推定事实提出反证，其反证程度仅需使反证对象处于真伪不明状态足矣，

不因反证对象的不同而有所区别。

三、事实上的推定与证明责任的分配

即使推定事实因基础事实被确认而假定其存在，证明责任也并未因此转移于对方当事人，主张推定事实存在的一方仍然对此负证明责任。因此，与法律上的推论推定不同，事实上的推定并无转移证明责任的作用。

可见，主张推定事实存在的一方当事人对推定事实仍负证明责任。对方当事人对推定事实不承担证明责任，只须提供反证，使推定事实再度处于真伪不明状态即可。对方当事人可以提交如下反证：①就基础事实提出反证；②对推定事实提出反证；③举证证明基础事实和推定事实并不存在因果关系、逻辑关系或法律上的联系。若对方当事人已提出充分反证，主张推定事实的当事人因对该推定事实负证明责任，因此仍应提交证据加以证明，直至盖然性占优势的程度才可以。

四、法律上的事实推定和事实上的推定的关系

法律上的事实推定和事实上的推定具有一定的相同之处。首先，两者均需遵循推定的一般原理，而且其构造完全相同，它们都存在基础事实和推定事实，亦是从已知的基础事实推断出未知的需要证明的事实。因此，以法律规定为推论依据的，属法律上的推定；以经验法则为推论依据的，属事实上的推定。事实上的推定是可以转化为法律上的事实推定的，事实上的推定若为立法所接受，则成为法律推定。法律上的事实推定实质上是事实上的推定的法律化。但二者亦存在着根本的区别，具体包括：

第一，事实上的推定与法律上的事实推定的根本区别在于，

法律上的事实推定是法律明文规定的，而事实上的推定未被法律规定。有无法律明文规定是区别事实上的推定和法律事实推定的明显标志。因此，在适用这两种推定时对法院的要求是不同的。事实上的推定对法院提出了较高的要求，除了需要基础事实的存在已被确认外，还取决于审判人员的能力，如是否掌握科学知识，是否具有丰富的生活经验。因此，在基础事实已被确认的相同条件下，不同的审判人员作出推定的情况是不同的。而且，事实上的推定并不是法律强制性的，因此，当事人指责该审判人员未作出事实推定便认定事实违法是很困难的。

在英美法上，是否适用事实上的推定则取决于法官的自由裁量，法官有权根据案件的具体情况对是否适用推定作出判断和选择。而法律上的事实推定的适用是强行性的，一经当事人主张并证明基础事实，法官即有义务适用推定，从而确认相应的结论事实。所以，与法律上的事实推定相比，事实上的推定是一种较弱的推定。

第二，事实上的推定并无转移证明责任的作用，主张推定事实存在的一方仍然对此负证明责任。因此，对方当事人要推翻推定事实，只须提供反证，使推定事实再度处于真伪不明状态。而法律上的事实推定的对方当事人必须就推定事实不存在负证明责任，这一差别的存在具有合理性。可以将这两种推定之间的界限分清楚。

可见，事实上的推定和法律上的事实推定对证明责任产生的影响是不同的。甚至，有的国家（如日本等）的法律要求，对于法律上的事实推定的反证，应当达到使法官确信推定事实不存在的证明标准；而对于事实上的推定的反证，仅需达到使法官产生怀疑的证明程度。

第四节 法律上的权利推定与证明责任的分配

一、法律上的权利推定的含义

法律上的权利推定，是指法律直接从基础事实推断某种权利存在。或表述为，法律上的权利推定，是指法律就某权利或法律关系于现在是否存在加以推定。这种推定包括两种情况：一种从基础事实的存在推定权利存在，另一种是无基础事实便直接推定权利状况。前者的典型例证是关于占有的权利推定，如《德国民法典》第 1006 条规定："为了动产的占有人的利益，推定占有人即为物的占有人……为了前占有人的利益应推定前占有人在其占有期间为物的所有人。"后者的典型例证是关于共同份额的推定，如《德国民法典》第 741 条规定："在发生疑问时，应认为各共有享有均等的份额。"

我国《物权法》第 104 条规定："按份共有人对共有的不动产或者动产享有的份额，没有约定或约定不明确的，按照出资额确定；不能确定出资额的，视为等额享有。"该规定也属于典型的法律上的权利推定。

再有，理解法律上的权利推定的含义时，要注意与法律上的事实推定区别开：

第一，性质不同。有关权利的法律推定并非证据法则，证据法中的法律上的事实推定是以待证的案件事实而并非以实体权利为推定的对象。它属于证据规则的一种。

第二，对象不同。事实推定的对象仅是与权利有关的要件事实；权利推定的对象是权利本身，通过推定可以直接确认权利状态。

第三，对于基础事实的依赖性不同。事实推定一律需要依赖基础事实；而权利推定有的需要依赖基础事实，有的无须依赖基础事实。

第四，适用实体法的不同。事实推定仅用来推认要件事实，法官从要件事实到确认权利状态，仍然需要适用相关的实体法；权利推定不涉及作为产生权利依据的事实，并且从推定中可直接确认权利状态，因而权利推定不需要实体法的适用。

二、证明责任的分配

罗森贝克认为："权利推定的本质源自于其效果。它们不仅仅，但主要是关于主张责任和证明责任的规定。"[1]说明权利推定与证明责任关系密切，对证明责任的分配表现在两个方面：

第一，对主张权利推定的一方当事人来说，他只需要证明权利推定的基础事实，而不必证明产生权利或消灭权利的事实，如对方当事人对基础事实提出了抗辩，主张权利推定的一方还应当对基础事实进行证明。但如果是无须依赖基础事实的权利推定，则连基础事实也不必主张和证明。

第二，对主张权利推定的对方当事人来说，须对以下事实承担证明责任：①主张与基础事实不相容的事实，如主张援引权利推定的对方当事人系他主占有，因而不能从占有这一事实推定享有所有权；②主张与被推定权利不相容的权利状态，如主张自己通过买卖、继承等方式取得了物的所有权，因此该物不可能属占有物的对方所有。

〔1〕［德］罗森贝克：《证明责任论》，庄敬华译，中国法制出版社 2002 年版，第 238 页。

我国证明责任制度存在的问题与完善

第一节 我国证明责任制度存在的问题

证明责任制度在民事诉讼制度中占有非常重要的地位，是一个核心问题。日本著名学者石田穰形象地指出，“证明责任是整个民事诉讼的脊梁”。为此，自1982年新中国第一部《民事诉讼法（试行）》颁布以来，对证明责任制度，无论是理论的研究，还是立法的完善及司法实践的运用都非常重视，也取得了较大的进步。但是时代的发展、社会的变迁以及法律的日益复杂对证明责任制度的发展提出了更高的要求。从目前来看，证明责任制度存在着以下几个方面的问题，需要我们加以研究。

一、我国现行证明责任制度的立法所存在的问题

（一）现行立法对证明责任制度的规定既不明确也不统一

现行立法对证明责任制度作出规定的主要是2017年的《民事诉讼法》、2018年的《证据规定》及2015年的《司法解释》。上述法律及司法解释存在的问题主要包括：

第一，对证明责任制度的规定过于简陋，也不明确。我国现行《民事诉讼法》在“总则”编中用一章的内容，19个条款的篇幅，对证据制度作出规定，包括证据的种类、举证责任、

法院对证据的调查收集与审查核实、举证期限、质证、证人作证、书证及物证的提交、对视听资料及当事人陈述的审查判断、对鉴定意见及勘验笔录的运用以及证据的保全等。此外，在其他章节中对涉及证据问题的内容也进行了规定，例如，法庭调查阶段有关证据的宣读与出示、当事人向各种证人发问及申请进行证据调查等。但在上述涉及证据制度的规定中关于证明责任制度的内容很少，只有《民事诉讼法》第 64 条第 1 款规定："当事人对自己提出的主张，有责任提供证据。"显然，《民事诉讼法》对证明责任制度的规定过于简单，更谈不上具有操作性，我们无法根据该规定对证明责任制度有一个明确的认识，包括其内涵和外延。这个问题之所以存在，是由于 2012 年《民事诉讼法》对证据制度的修改显得比较仓促，或者说是比较保守，与 1982 年《民事诉讼法（试行）》及 1991 年《民事诉讼法》相比，在证明责任制度的理论有了较大发展的情况下，《民事诉讼法》的规定并无明显的改变。甚至，现行《民事诉讼法》有关证据制度的规定都显得过于简陋，也不科学，甚至有违证据法的基本原理和规则。例如，有关书证、视听资料、电子数据证据的规定，仅仅以其载体不同而划分成三种证据类型，这种分类方式在世界范围内恐怕也是很难找到的，也缺乏科学性。《民事诉讼法》对证明责任制度的规定根本无法满足目前司法实践的需要。

第二，现行立法对证明责任制度的规定缺乏协调和统一。2002 年实施的《证据规定》是对之前民事证据制度的立法及司法解释的补充与完善，也设定了一些新的证据制度，如举证期限和证据交换等，在当时也比较充分地反映了立法技术的渐进与提高。2017 年经修改的《民事诉讼法》及 2015 年的《司法解释》力求对现行的民事证据制度进行必要的整合，包括结构上的重组、表现形式上的变动、内容上的增减与修改、逻辑上的协调、语言上的进一步规范等。总体上来看，上述有些方面有所突破，但证明责任制度问题仍较大，因此，突出的问题在于它们之间缺乏协调与统一。

如《证据规定》第2条规定："当事人对自己提出的诉讼请求所依据的事实或者反驳对方诉讼请求所依据的事实有责任提供证据加以证明。没有证据或者证据不足以证明当事人的事实主张的，由负有举证责任的当事人承担不利后果。"而《民事诉讼法》第64条第1款规定："当事人对自己提出的主张，有责任提供证据。"《司法解释》第91条规定："人民法院应当依照下列原则确定举证证明责任的承担，但法律另有规定的除外：（一）主张法律关系存在的当事人，应当对产生该法律关系的基本事实承担举证证明责任；（二）主张法律关系变更、消灭或者权利受到妨害的当事人，应当对该法律关系变更、消灭或者权利受到妨害的基本事实承担举证证明责任。"

可见，《证据规定》对证明责任的规定既确定了当事人双方举证的内容，也明确了相应的后果；而《民事诉讼法》对证明责任的规定仍停留在提交证据的阶段；而《司法解释》似乎在对证明责任的分配上比《证据规定》有所进步，但其并未明确当事人未能举证应承担的后果，未能把握证明责任制度的本质。上述问题的存在，导致《民事诉讼法》有关证明责任制度的规定与《证据规定》相比，不但没有进步，反而还存在一定的差距。而《司法解释》虽然涉及证据制度的内容有所增加，在证据的具体运用规则上也有所细化，但是有一些内容是基于审判方式改革的需要而片面侧重于程序设置上的一些权宜之计，未能从民事诉讼总体结构的角度创立相应的证据规则，难免对司法实践产生一定的误导。《司法解释》对证明责任制度的规定所存在的问题也是如此。综上可见，现行立法对证明责任制度的规定是缺乏协调与统一的。

（二）现行立法未能建立完善的证明责任分配规则

如果说证明责任制度是民事证据制度的核心，那么，证明责任的分配问题就是证明责任制度的核心，它对于司法实践具有非常重要的意义。由于民事案件种类多样，数量众多，从古至今证明责任分配问题存在着各种学说，而且，证明责任的分配体系包括一般规则、指定分配规则、倒置规则、减轻及免除规则等，这都说明了证明责任分配问题极为复杂，很难用一两条原则一劳永逸地解决所有案件证明责任的分配。但即使如此，世界上大多数国家在证明责任的分配上有一点是相同的，即首先由法律规定系统的、完善的证明责任的分配规则，这在整个证明责任的分配体系中既是基础，又是最重要的内容；然后在此基础上再考虑当事人的约定及法官的自由裁量。

我国作为成文法国家，在确定证明责任的分配规则时，也遵循了由法律规定、当事人的约定及法官的自由裁量组成的体系，在这一点上和大多数国家是相同的，但在法律规定证明责任分配规则上，最大的问题就是未能建立完善的证明责任分配规则，特别是证明责任的分配不仅是由《民事诉讼法》《司法解释》及《证据规定》作出规定，此外，还包括相应的民事实体法，如《民法总则》《侵权责任法》等。

对于证明责任分配规则作出规定的法律看似很多，但总体来看存在两个方面的问题。首先，各个法律对证明责任的分配规则规定得比较简单、粗糙，如《民事诉讼法》第 64 条第 1 款规定为当事人对自己提出的主张，有责任提供证据，就是通常说的“谁主张，谁举证”；《司法解释》及《证据规定》相对来说比《民事诉讼法》要具体一些，但远远不够。造成这个问题的原因有很多种，但笔者认为最主要的原因还是对证明责任分配制度的规律认识不同，甚至摇摆不定，最终只能模棱两可或暂时放下。至于相关的民事实体法，只是对该法调整的民事法律关系涉及的一些特殊情况的证明责任分配作出规定。其次，各个法律之间，尤其是民事诉讼法与民事实体法之间对于证明责任分配的规定不一致，如《证据规定》对特殊侵权案件的证明责任分配作了规定，而《侵权责任法》也作了规定，二者的规定又有所区别，但又不明确。由于证明责任分配在法律规定上的不完善，导致在司法实践中，无所适从，或者证明责任"乱分配"的现象屡见不鲜。

二、我国现行证明责任制度理论研究所存在的问题

（一）证明责任制度理论研究存在若干误区

首先，目前证明责任制度理论研究存在的最大问题是一些学者尚未能真正把握证明责任的实质内容，未能揭示证明责任制度存在的客观必然性，未能说明证明责任的法律机能和当事人负担证明责任的内在含义，他们仍然侧重于从提供证据责任的角度去分析和说明证明责任。有的学者虽然承认证明责任具有双重内容，但却把行为责任与结果责任等量齐观，这些都妨碍了对证明责任深层含义的认识，并且在证明责任是否会发生转移等问题上造成了理论上的混乱，这是证明责任理论研究的最大误区。

其次，在证明责任制度与法院审判权的关系上存在误区。当事人对其主张的事实承担证明责任，或者说证明责任制度是为当事人设置的，这种认识是没问题的，但如果我们仅仅停留在这个层面上去研究证明责任制度显然是不够的，我们必须认识到证明责任制度最重要的作用是要为法院审判权的行使提供

依据。只有把证明责任与诉讼中的事实真伪不明状态以及在这种状态下法院如何适用法律结合起来考察，只有揭示证明责任与败诉危险之间的内在联系，才能真正说明证明责任在民事证据制度，乃至在整个民事诉讼制度中的重要地位和作用，才能真正把民事证明责任研究推向深入。因此，在理论上对证明责任制度存在的各种片面的认识，一个重要的原因是在证明责任制度与法院审判权的关系上存在着误区。

再次，在证明责任制度本身所涉及的民事实体法与民事诉讼法的关系上存在误区。证明责任制度是民事诉讼法中的一个重要制度，主要是由民事诉讼法及相关的司法解释规定的。但是，在设计、规定证明责任制度时必然在相关内容上触及民事实体法律规范，例如，《意大利民法典》第 2052 条规定，动物的所有权人或在利用动物期间对其进行管理之人，无论动物是在其保管下，还是遗失或逃走，都要对动物所致伤害承担责任，除非证明损害是意外事件所致。我国《侵权责任法》第 78 条规定："饲养的动物造成他人损害的，动物饲养人或者管理人应当承担侵权责任，但能够证明损害是因被侵权人故意或者重大过失造成的，可以不承担或者减轻责任。"第 85 条规定："建筑物、构筑物或者其他设施及其搁置物、悬挂物发生脱落、坠落造成他人损害，所有人、管理人或者使用人不能证明自己没有过错的，应当承担侵权责任。所有人、管理人或者使用人赔偿后，有其他责任人的，有权向其他责任人追偿。"第 87 条规定："从建筑物中抛掷物品或者从建筑物上坠落的物品造成他人损害，难以确定具体侵权人的，除能够证明自己不是侵权人的外，由可能加害的建筑物使用人给予补偿。"《证据规定》第 4 条第 1 款第（四）项和第（五）项规定："建筑物或者其他设施以及建筑物上的搁置物、悬挂物发生倒塌、脱落、坠落致人损害的侵权诉讼，由所有人或者管理人对其无过错承担举证责任。”“饲养动物致人损害的侵权诉讼，由动物饲养人或者管理人就受害人有过错或者第三人有过错承担举证责任。”因此，如果我们只在民事诉讼领域内进行对证明责任制度的理论研究是远远不够的，必须将民事诉讼法与民事实体法结合起来。

（二）证明责任理论研究的重心存在偏差

在民事证明责任的理论研究上，证明责任的含义、证明责任的实质等问题的研究虽然对发展与完善民事证明责任的理论有重要的意义，但正如笔者反复强调的，证明责任问题的核心是证明责任的分配，是如何将证明责任在双方当事人中作合理分配。忽略了证明责任分配，不将主要精力放在如何正确分配证明责任上，就必然会偏离主题。

因此，证明责任理论研究的重心存在偏差也是我国现行证明责任制度理论研究所存在的一个较大的问题。

三、我国现行证明责任制度在司法实践中所存在的问题

由于现行立法对证明责任制度的规定既不明确也不统一，也未能建立完善的证明责任分配规则，在理论研究上更存在着一些误区，因此，对证明责任制度的司法实践的正确引导未能发挥应有的作用。但我们也应看到由于证明责任问题错综复杂，无论立法者对它多么重视，充其量也只能对其中的一些重要问题在法律中作出规定。因此，大量的问题仍需要通过司法实践来解决。司法活动是将法律运用于具体案件的实践活动，处在第一线的司法机关比立法机关更容易发现证明责任制度中存在的问题，司法机关可以运用司法权有效、及时地解决所发现的问题，这表明司法活动对发展和完善我国的民事证明责任制度的作用并不低于立法活动。

从目前来看，证明责任制度在司法实践中的问题比较多。首先，表现为有法不依，即法律已经对证明责任制度作了规定，但在司法实践中不遵照执行。其次，证明责任分配不当，特别是在由法官基于自由裁量权进行证明责任分配时，问题更为明显，原因多种多样，有主观能力问题，也有各种各样外界的干扰。从司法实践来看，由于证明责任分配不当导致的二审改判案件，分布比较广泛，基本涵盖了所有民商事领域，各个省、自治区、市都有所涉及，而且，证明责任分配问题具有全局性，因证明责任分配不当被二审改判的案件存在于不同级别的法院之间，其中基层法院问题居多，但中院甚至高院也时有案件因证明责任分配不当而被上级法院改判。因此，证明责任分配问题不是单一审判领域性问题，它业已成为制约案件审判实体公正的一个重要因素。再次，在司法实践中进行证明责任分配时思路不清。证明责任分配是一个完整的体系，在司法实践中，无论何种情况，法院均能对证明责任进行分配。它一般情况下包括证明责任分配的一般规则、证明责任分配的特殊规则（含证明责任倒置规则）、证明责任减轻规则及免除规则等。但各种证明责任的分配规则在证明责任分配规范体系中顺位如何，是一个一直被审判实务所忽略的问题。证明责任分配规则适用层次化概念缺失，不仅成为证明责任分配不当的诱因，更易造成法官分配证明责任的思路不清。虽然，审判实务中忽略证明责任体系层次性特征的后果是不明显的。以证明责任倒置与证明责任减轻为例，二者在证明责任分配规则体系中并不处于同一适用顺位，可能在特定案件中适用证明责任倒置规则或证明责任减轻规则的法律适用效果相同，但二者的替代适用本质上都属于证明责任分配不当。

第二节　我国证明责任制度的发展与完善

一、我国证明责任制度立法的发展与完善

（一）在证明责任制度立法上建立民事实体法和民事程序法的协调配合机制

证明责任问题跨越了民事实体法和民事程序法两大法域，研究证明责任制度立法的发展与完善，必然应当分析这两大法域之间的关系。民事实体法与证明责任及证明责任分配的关系非常密切，民事实体法经常要对某些事实的证明责任作出规定，明确该事实证明责任的归属，以实现实体法立法的宗旨，因此各国实体法中均有一些专门规定证明责任的条款。我国的《民法总则》《侵权责任法》《合同法》《专利法》《著作权法》等民事实体法中都有所体现，但与德国、法国、日本、瑞士的民法相比，还有一定的差距。

从本质上看，民事实体法对证明责任及证明责任的分配产生的影响不止于此，如果不深刻理解民事实体法的精神实质，不认真分析民事实体法规范的逻辑结构，不细致研究待证事实在民事实体法中的不同效果，就无法获知各种案件证明责任的分配规则，更难以在司法实践中公正合理地分配证明责任。

因此，我国证明责任制度立法的发展与完善对我国民事实体法提出了较高的要求，一方面民事实体法在立法过程中要不断完善证明责任的分配制度，另一方面，在完善证明责任分配制度的同时，要注意与民事程序法相互协调，做到二者的统一。

（二）建立完善的证明责任的分配规则体系

目前，我国证明责任的分配规则，主要是由民事诉讼法、

民事诉讼法的司法解释及相关民事实体法规定的，在无法律明确规定的情况下，适用当事人的约定及法官的自由裁量。从整体来看，现有的证明责任的分配规则体系问题较多，法律之间不但相互协调不够，甚至存在相互矛盾的情况，而且，证明责任分配规则适用层次化概念缺失，顺位不清，因此，对于我国证明责任制度立法的发展与完善来说，急需要解决的是建立完善的证明责任的分配规则体系，具体包括以下几个方面：

第一，出台一部系统的关于证明责任的分配规则，该规则的形式可以是最高人民法院的司法解释，也可以是在《民事证据法》中单独规定的系统的证明责任分配的内容。不管是何种形式，该部分内容都应当是独立的。埃尔曼认为："举证规则可能使实体法规完全不起作用。"〔1〕这体现了证明责任分配规则的独立性。

第二，该证明责任的分配规则应具有系统性及全面性。一方面其应对之前各个法律所涉及的关于证明责任分配的内容做一个全面梳理；另一方面，对各个法律及司法实践中所存在的问题应有所规定，如关于证明责任的倒置的理解、实行证明责任倒置的具体案件等，《证据规定》与《侵权责任法》并不一致，学者之间观点也不相同。再有《司法解释》第 91 条规定："人民法院应当依照下列原则确定举证证明责任的承担，但法律另有规定的除外：（一）主张法律关系存在的当事人，应当对产生该法律关系的基本事实承担举证证明责任；（二）主张法律关系变更、消灭或者权利受到妨害的当事人，应当对该法律关系变更、消灭或者权利受到妨害的基本事实承担举证证明责任。"该规定中的"基本事实"，应当如何理解，是不是指的就是要件

〔1〕［美］埃尔曼：《比较法律文化》，贺卫方、高鸿钧译，清华大学出版社 2002 年版，第 146 页。

事实，即实体法律关系或权利构成要件所依赖的事实。[1]与要件事实相对应的为非要件事实或辅助事实，或称为非基本事实。非基本事实是一种居于次要地位的案件事实，在证明责任分配规则中处于次要地位，对非基本事实证明责任分配问题，在审判实践中是客观存在的，审判实践依然应予以重视，但是《司法解释》并未作出明确规定。以上种种问题是客观存在的，都需要该证明责任的分配规则予以解决。

第三，该证明责任的分配规则应对证明责任分配规则适用的层次化作出明确规定，即对各种证明责任分配规则类型在证明责任分配规范体系中的顺位作出规定。该问题一直未被审判实践所重视。而且，证明责任体系层次性问题在《司法解释》出台之前也并不明显。目前，关于证明责任的分配规则包括了“谁主张，谁举证”、证明责任分配的一般规则、证明责任分配的特殊规则、倒置规则、减轻及免除规则等，“由于将依据不同标准划分形成的不同层面之证明责任的分配规则放在统一层面上，由此产生了极大的混乱，令人无所适从。”[2]更易造成法官证明责任分配之思路不清。

因此，该证明责任的分配规则应明确规定，在证明责任分配规则的体系中，排在第一顺位的是法律规定的证明责任分配规则，即凡是法律已经规定了证明责任的分配规则的，均应按法律规定进行分配。在此顺位内，首先应依据民事实体法的规定确定证明责任的分配，因为民事实体法已对当事人之间的证明责任预先作出了分配，此时对于案件要件事实不需要由法官

〔1〕 沈德咏主编：《最高人民法院民事诉讼法司法解释理解与适用》（上），人民法院出版社 2015 年版，第 317 页。

〔2〕 丁春燕：“民事诉讼举证规则体系化研究”，载《上海政法学院学报》2016 年第 2 期。

来分配证明责任；其次是民事程序法规定的一般举证规则和特殊举证规则（含证明责任的倒置）；再次是免证事实的认定，而且，免证事实即司法认知的对象必须由法律明文规定。排在第二顺位的应是当事人的约定，即根据当事人的约定来分配证明责任。排在第三顺位的为根据诉讼利益的衡平由法官进行裁量。

二、我国证明责任制度理论的发展与完善

法学理论对于法律实践具有不可低估的重要指导作用。证明责任理论的发展与完善，必将成为证明责任立法和司法发展与完善的先导，必将有力地推动与促进后者的发展与完善。

从当前的情况看，民事证明责任理论应当从以下几个方面进一步发展与完善。

（一）真正把握证明责任制度的实质内容，以揭示证明责任制度存在的客观必然性

证明责任制度之所以是民事诉讼的核心问题，是因为它贯穿民事诉讼的始终：它起始于当事人的诉讼活动，最终效果体现在法院审判权的行使，二者有着密切的联系。它跨越不同的法域，即跨越了民事实体法与民事诉讼法。因此，要真正把握证明责任制度的实质内容，就不能孤立地研究证明责任制度，笔者认为，应包括以下两个方面：

第一，应明确诉权与法院审判权的关系。证明责任制度是在诉权的范围之内，它是为当事人设置的，但其最重要的作用是要为法院审判权的行使提供依据。只有把证明责任与诉讼中的事实真伪不明状态以及在这种状态下法院如何行使审判权结合起来，才能真正说明证明责任的重要地位和作用，可见，二者有着密切的联系。但是，正因为二者有着密切的联系，对于

证明责任制度来说，法院行使审判权应有严格的限制，即只能在法律规定的范围内行使释明权、司法认知权、探明权等，尤其在证明责任分配时，法院应遵守法律规定的证明责任分配规则及当事人的约定，只有在必要时才能根据利益衡平原则由法官自由裁量证明责任的分配。

因此，对于证明责任制度理论的发展与完善而言，研究诉权与法院审判权的关系是一个很重要的内容。

第二，应明确民事实体法与民事诉讼法的关系。由于证明责任制度本身跨越了民事实体法与民事诉讼法两个法域，二者既有相同点，也有不同点，因此，研究证明责任制度必须要研究民事实体法与民事诉讼法各自的特点，以达到相互协调和统一。

（二）证明责任的分配应成为理论研究的重心

证明责任问题的核心是证明责任的分配，即如何将证明责任在双方当事人中作合理分配，这个问题无论是对于当事人，还是对于人民法院都具有非常重要的实际意义。尽管至今为止学者们尚未提出完全令人满意的、能够适用于所有案件的分配证明责任的原则，尽管探寻证明责任分配的一般规则是件高难度的工作，但鉴于证明责任的分配规则对审判实践所具有的重要指导意义，它应成为理论研究的重心。我们既要研究证明责任分配的一般规则，也要研究证明责任分配的特殊规则，以及各种规则之间的关系，更要研究各种类型案件以及个案中的证明责任分配，尤其应特别重视对那些新出现案件的证明责任分配的研究，如股东资格案件、票据案件等。

因此，要想真正发挥证明责任的作用，证明责任的分配规则应成为今后理论研究的重心。

三、我国证明责任制度司法的发展与完善

证明责任制度是一个错综复杂的问题，很多情况都需要通过司法实践来解决。司法实践是将法律运用于具体案件的活动过程，是由人民法院通过行使审判权来进行的，在此过程中人民法院更容易发现证明责任制度中存在的问题，可以运用司法权有效、及时地解决所发现的问题，这表明司法活动对发展和完善我国的民事证明责任制度具有非常重要的作用。笔者认为，我国证明责任制度司法的发展与完善应包括以下几个方面：

第一，提高审判人员理论水平和实际操作能力是解决司法实践中证明责任分配存在问题的关键。从目前来看，证明责任分配在司法实践中存在的问题有很多，但其中的关键还在于审判人员。因此，只有加深审判人员对证明责任重要性的认识，提高关于证明责任问题的理论水平，特别是证明责任分配规则的掌握，尤其是各种证明责任分配规则之间关系的理解，是关系到证明责任能否在当事人之间正确地进行分配的重要因素。因此，提高审判人员证明责任的理论水平和实际操作能力既是基础性工作，更是解决司法实践中证明责任分配存在问题的关键。

第二，加强对司法实践证明责任分配的专项监督机制。证明责任的分配往往会关系到案件的审理结果，对当事人的实体利益会产生实质的影响，应对其进行相应的监督。目前，民事诉讼中的监督机制主要包括二审程序、审判监督程序及一些内部监督制度，但对于证明责任的分配来说，由于其具有特殊性，上述监督机制是不够的。因此，笔者认为，我国应建立针对民事诉讼证明责任分配的专项监督机制，以防止法官在这方面权力的滥用。在民事诉讼证明责任分配问题的专项监督机制中，“对于滥用职权‘乱分配’证明责任的法官予以惩戒，并纳入年

度考核范畴。通过专家把关，可以极大地降低因证明责任分配不公而导致案件裁判不公的风险。”[1]

第三，通过司法解释和判例完善证明责任的分配规则。证明责任的分配制度主要是用于指导司法实践的，但我国的民事法律原则性相对较强，更多地体现为概括性，就造成了有时候法律条文中的原则和例外与证明责任的分配并不对应。这种情况下，就需要最高人民法院通过司法解释来明确证明责任的归属。因此，从一定意义上来说，司法解释是沟通法律规定与具体案件中证明责任分配的桥梁。

再有，随着经济的发展，民事法律关系日益复杂，呈多元化趋势，司法实践中也出现了一些新型案件、有争议案件及一些疑难案件，这些案件在司法实践中的解决，表明成功的证明责任分配的案例具有示范效用，判例的示范效用可以帮助审判人员理解法律中有关证明责任分配的内在精神。而且，遵循先例办案能够保障适用法律的协调与统一。因此，判例亦具有沟通法律规定与具体案件事实的桥梁作用。

从世界范围来看，不仅有英美法的判例制度，大陆法系国家对判例的运用也很重视，如德、日两国的最高法院也作出过一些具有重大影响的判决，运用判例来明确疑难案件中的证明责任分配问题，并把这些典型案件编入判例集。因此，我国最高人民法院也应通过公布证明责任分配的典型案例，起到示范作用，这对于完善与发展我国的证明责任分配制度有着非常重要的意义。

---

〔1〕 潘江河：“论民事诉讼证明责任的分配”，载《法制与社会》2017 年第 22 期。

REFERENCES

参考文献

专著类：

1. 毕玉谦主编：《证据法要义》，法律出版社 2003 年版。
2. 张永泉：《民事诉讼证据原理研究》，厦门大学出版社 2005 年版。
3. 张卫平 ：《民事诉讼法》，中国人民大学出版社 2013 年版。
4. 宋朝武主编：《民事诉讼法学》，中国政法大学出版社 2012 年版。
5. ［德］汉斯、普维庭：《德国现代证明责任论》，吴越译，法律出版社 2001 年版。
6. 李浩：《民事举证责任研究》，中国政法大学出版社 1993 年版。
7. 李浩：《民事证明责任研究》，法律出版社 2003 年版。
8. 罗玉珍、高委：《民事证明制度与理论》，北京法律出版社 2003 年版。
9. 戴东雄：《中世纪意大利法学与德国的继受罗马法》，中国政法大学出版社 2003 年版。
10. 李浩民：《民事证明责任研究》，北京法律出版社 2003 年版。
11. 廖中洪：《民事举证责任概念评说》，中国检察出版社 2001 年版。
12. 张卫平：《民事诉讼：关键词的展开》，法律出版社 2005 年版。
13. 柴发邦：《中国民事诉讼法学》，中国人民公安大学出版社 1992 年版。
14. 肖建国：《证明责任：事实判断的辅助方法》，北京大学出版社 2012 年版。
15. 黄国昌：《民事诉讼理论之新展开》，北京大学出版社 2008 年版。
16. ［德］米夏埃尔 · 施蒂尔纳：《德国民事诉讼法学文萃》，赵秀举译，中国政法大学出版社 2005 年版。

17. 沈德咏主编:《最高人民法院民事诉讼法司法解释理解与适用》(上),人民法院出版社 2015 年版。
18. [日] 松冈义正:《民事证据论》,张知本译,中国政法大学出版社 2004 年版。
19. 邵勋、邵锋:《中国民事诉讼法论》(下),中国政法大学出版社 2005 年版。
20. 郭卫:《民事诉讼法释义》,中国政法大学出版社 2005 年版。
21. 李国光主编:《最高人民法院〈关于民事诉讼证据的若干规定〉的理解与适用》,中国法制出版社 2002 年版。
22. 黄松有主编:《民事诉讼证据司法解释的理解与适用》,中国法制出版社 2002 年版。
23. 江伟主编:《民事诉讼法》,中国人民大学出版社 2007 年版。
24. [美] 埃尔曼:《比较法律文化》,贺卫方、高鸿钧译,清华大学出版社 2002 年版。
25. [德] 罗森贝克、施瓦布、戈特瓦尔德:《德国民事诉讼法》,李大雪译,中国法制出版社 2007 年版。
26. [德] 彼得·阿伦斯:《民事诉讼中无证明责任当事人的阐明义务》,赵秀举译,中国政法大学出版社 2005 年版。
27. [德] 莱奥·罗森贝克:《证明责任论——以德国民法典和民事诉讼法典为基础撰写》,庄敬华译,中国法制出版社 2002 年版。
28. 陈刚:《证明责任法研究》,中国人民大学出版社 2000 年版。
29. 张卫平:《诉讼构架与程式民事诉讼的法理分析》,清华大学出版社 2000 年版。
30. 张卫平:《诉讼构架与程式》,清华大学出版社 2000 年版。
31. 张卫平:《外国民事证据制度研究》,清华大学出版社 2003 年版。
32. [美] 乔恩·R. 华尔兹:《刑事证据大全》,何家弘等译,中国人民公安大学出版社 1993 年版。
33. 叶自强:《民事证据研究》,法律出版社 2002 年版。
34. [日] 田口守一:《刑事诉讼法》,刘迪等译,法律出版社 2000 年版。
35. [德] 汉斯·普维庭:《现代证明责任问题》,吴越译,法律出版社

2000 年版。

36. ［德］罗森贝克、施瓦布、戈特瓦尔德:《德国民事诉讼法》，李大雪译，中国法制出版社 2007 年版。

37. 骆永家:《民事举证责任论》，台湾“商务印书馆”股份有限公司 1972 年版。

38. 陈荣宗:《举证责任分配与民事程序法》（第二册），台湾三民书局 1984 年版。

39. 宋朝武主编:《民事诉讼法学》，厦门大学出版社 2007 年版。

40. ［日］兼子一、竹下守夫:《民事诉讼法》，白绿铉译，法律出版社 1995 年版。

41. ［苏］特列乌什尼科夫:《苏联民事诉讼中的证据和证明》，李衍译，西南政法学院诉讼法教研室印。

42. ［苏］多勃罗沃里斯基:《苏维埃民事诉讼》，李衍译，法律出版社 1985 年版。

43. ［日］高桥宏志:《民事诉讼法——制度与理论的深层分析》，林剑锋译，法律出版社 2003 年版。

44. ［德］迪特尔·梅迪库斯:《德国债法分论》，杜景林、卢谌译，法律出版社 2007 年版。

45. 王泽鉴:《侵权行为》，北京大学出版社 2009 年版。

46. 谭玲主编:《质量侵权责任研究》，中国检察出版社 2003 年版。

47. 杨立新:《〈中华人民共和国侵权责任法〉条文释解与司法适用》，人民法院出版社 2010 年版。

48. 王胜明主编，全国人大法工委民法室:《〈中华人民共和国侵权责任法〉条文释义与立法解释》，人民法院出版社 2010 年版。

49. 高圣平主编:《〈中华人民共和国侵权责任法〉立法争点、立法例和经典案例》，北京大学出版社 2010 年版。

50. 杨立新:《侵权损害赔偿》，吉林人民出版社 1988 年版。

51. 佟柔主编:《中华人民共和国民法通则简论》，中国政法大学出版社 1987 年版。

52. 谢邦宇、李静堂:《民事责任》，法律出版社 1991 年版。

53. 张新宝:《侵权责任法原理》,中国人民大学出版社 2005 年版。
54. 金福梅:《消费者法论》,北京大学出版社 2005 年版。

期刊类:

1. 潘剑锋:“论证明的相对性”,载《法学评论》2000 年第 4 期。
2. 肖建国、张春生:“民事证明责任的法律性质研究”,载《山东警察学院学报》2006 年第 3 期。
3. 潘剑锋:“民事证明责任论纲——对民事证明责任基本问题的认识”,载《政治与法律》2016 年第 11 期。
4. 白迎春:“证明责任内涵的重新定位”,载《河北法学》2015 年第 6 期。
5. 李浩:“民事判决中的举证责任分配——以《公报》案例为样本的分析”,载《清华法学》2008 年第 6 期。
6. 肖建华、王德新:“证明责任判决的裁判方法论意义——兼评传统证明责任观之谬误”,载《北京科技大学学报(社会科学版)》2005 年第 2 期。
7. 李浩:“事实真伪不明处置办法之比较”,载《法商研究》2005 年第 3 期。
8. 陈刚:“证明责任概念辨析”,载《现代法学》1997 年第 2 期。
9. 张卫平:“证明责任概念解析”,载《郑州大学学报(社会科学)》2000 年第 6 期。
10. 叶自强:“举证责任的确定性”,载《法学研究》2001 年第 3 期。
11. 许可:“要件事实论的实体法基础:证明责任理论”,载《民事程序法研究》2008 年第 1 期。
12. 胡学军:“从‘抽象证明责任’到‘具体举证责任’——德、日民事证据法领域研究的实践转向及其对我国的启示”,载《法学家》2012 年第 2 期。
13. 李浩:“我国民事诉讼中证明责任含义新探”,载《西北政法学院学报》1986 年第 3 期。
14. 张弢、王小林:“论我国证明责任理论与制度之重构”,载《现代法学》2005 年第 2 期。
15. 蒋陆军:“民事证明责任概念再探究——兼论我国证明责任概念的科学

定位”，载《重庆理工大学学报（社会学）》2016 年第 11 期。
16. 王以真：“英美刑事证据法中的证明责任问题”，载《中国法学》1991 年第 4 期。
17. 刘哲玮：“论美国法上的证明责任——以诉讼程序为视角”，载《当代法学》2010 年第 3 期。
18. 李美燕：“论证明责任的阶段性”，载《北京航空航天大学学报（社会科学版）》2013 年第 4 期。
19. 周成泓：“证明责任：徘徊在行为责任与结果责任之间——以民事诉讼为视角”，载《河南财经政法大学学报》2015 年第 1 期。
20. 张江莉：“不当得利中‘无法律上原因’之证明”，载《政法论坛》2010 年第 2 期。
21. 周红、郑栋鹏：“浅析商标侵权案件中的举证责任”，载《潍坊学院学报》2014 年第 4 期。
22. 任文松：“要件事实与主张责任”，载《学海》2006 年第 5 期。
23. 姚晓：“论证明责任分配的依据”，载《山西大学》2012 年第 1 期。
24. 朱玉玲：“对民事诉讼证明责任及其分配的思考”，载《山东科技大学学报（社会科学版）》2006 年第 1 期。
25. 袁中华：“证明责任分配的一般原则及其适用——《民事诉讼法》司法解释第 91 条之述评”，载《法律适用》2015 年第 8 期。
26. 胡学军：“证明责任‘规范说’理论重述”，载《法学家》2017 年第 1 期。
27. 胡学军：“举证证明责任的内部分立与制度协调”，载《法律适用》2017 年第 15 期。
28. 杨翔：“我国法官自由裁量权：存在、运行及规制”，载《湘潭大学学报（哲学社会科学版）》2016 年第 1 期。
29. 潘江河：“论民事诉讼证明责任的分配”，载《法制与社会》2017 年第 22 期。
30. 丁春燕：“民事诉讼举证规则体系化研究”，载《上海政法学院学报》2016 年第 2 期。
31. 杨立新：“修正的《道路交通安全法》第 76 条的进展及审判对策”，载

《法律适用》2008 年第 3 期。

32. 李长友:“我国产品责任法律制度的质疑及对策”，载《株洲工学院学报》2004 年第 3 期。

33. 娄丙录:“我国产品责任制度若干问题的探讨”，载《河南社会科学》2004 年第 4 期。

34. 江平:“民法中的视为、推定与举证责任”，载《政法论坛》1987 年第 4 期。

35. 杨立新:“论医疗过失的证明及举证责任”，载《法学杂志》2009 年第 6 期。

36. 杨立新:“医疗损害责任概念研究”，载《政治与法律》2009 年第 3 期。

37. 张宝:“环境侵权诉讼中受害人举证义务研究——对《侵权责任法》第 66 条的解释”，载《政治与法律》2015 年第 2 期。

38. 翁晓斌:“论我国民事诉讼证明责任分配的一般原则”，载《现代法学》2003 年第 4 期。

39. 程春华:“举证责任分配、举证责任倒置与举证责任转移——以民事诉讼为考察范围”，载《现代法学》2008 年第 2 期。

POSTSCRIPT

后　记

证明责任制度只是民事诉讼中的一个具体制度，但它具有两个特殊的重要性：一是证明责任问题涵盖范围广泛，它跨越了民事实体法和民事诉讼法，在民事诉讼活动过程中，又跨越诉讼活动和审判活动；二是自罗马法以来，它就受到了立法者、执法者和法学专家们的重视，在历史发展的每个时期的著名法典中都会有证明责任的相关条款，各个国家都会有一些关于证明责任的判例作为指导性案件，而且在民事诉讼法研究领域，有关证明责任的著作和论文数量众多。

因此，我从 1985 年大学毕业留在中国政法大学从事民事诉讼法教学研究工作以来，一直对证明责任制度非常关注，做了大量的资料收集、研究和对司法实践的考察工作，虽然在此过程中，我越来越认识到，研究证明责任制度，特别是要对证明责任制度做一个相对比较全面的论述，是非常复杂和困难的，但我仍然认为，有必要对我多年的研究，或者说对证明责任制度的一些心得体会，做一个归纳和总结，力图对我国证明责任制度的发展有所帮助。

对我来说，本书的写作过程是一个困难的过程，但更是一个收获的过程，它使我对证明责任制度不断有新的发现和更深入的认识，从一定程度上来说，也提高了我分析问题、解决问题的能力。在本书的写作过程中，家人朋友给了我极大的支持，使我能够安心写作，在本书即将结稿之时，一并表示感谢。

康万福

2019 年 2 月 28 日

图书在版编目（CIP）数据

民事诉讼证明责任制度研究/康万福著. —北京：中国政法大学出版社，2019.7

ISBN 978-7-5620-9084-7

Ⅰ. ①民… Ⅱ. ①康… Ⅲ. ①民事诉讼－证据－研究－中国 Ⅳ. ①D925.113.4

中国版本图书馆 CIP 数据核字(2019)第 140600 号

出 版 者　中国政法大学出版社

地　　址　北京市海淀区西土城路 25 号

邮寄地址　北京 100088 信箱 8034 分箱　邮编 100088

网　　址　http://www.cuplpress.com（网络实名：中国政法大学出版社）

电　　话　010-58908285(总编室) 58908433（编辑部）58908334(邮购部)

承　　印　固安华明印业有限公司

开　　本　880mm×1230mm　1/32

印　　张　8.5

字　　数　198 千字

版　　次　2019 年 7 月第 1 版

印　　次　2019 年 7 月第 1 次印刷

定　　价　35.00 元